철강산업

이상철

21

도서출판 해남

철강산업

초판1쇄 인쇄 2025년 9월 23일
초판1쇄 발행 2025년 9월 30일

저 자 이상철
발행인 노현철
발행처 도서출판 해남

출판등록 1995. 5. 10 제 1-1885호
주 소 서울특별시 마포구 마포대로8길 9 영명빌딩 405호
전 화 739-4822
팩 스 720-4823
이 메 일 haenamin30@naver.com
홈페이지 www.hpub.co.kr

ISBN 978-89-6238-821-3 93320

이 저서는 2021년 대한민국 교육부와 한국학중앙연구원(한국학진흥사업단)을 통해 K학술확산 연구소사업의 지원을 받아 수행된 연구임(AKS-2021-KDA-1250002).

머리말

철강은 흔히 '산업의 쌀'로 불린다. 그 이유는 철강이 건설, 기계, 자동차, 조선 등 다양한 산업의 기초 자재로 사용되기 때문이다. 따라서 철강산업은 한 나라 제조업 발전에 매우 중요하다. 그렇지만 해방 당시 남한 지역의 철강산업은 보잘것없었다. 일제 강점기 한반도의 철강산업은 주로 북한 지역에 자리 잡고 있었기 때문이다. 정부 수립 이후 산업 발전을 갈구하였던 정책 입안자에게 철강산업이 관심의 대상이 되었던 것은 어찌 보면 당연한 것이었다.

이후 한국 철강산업 발전 과정에는 포항종합제철(현 포스코)의 역할이 매우 중요하였다. 철강산업에 큰 관심이 없는 사람조차 포항종합제철의 중요성에 대해서는 대부분 동의할 것이다. 그렇지만 종합제철소의 건설에 이르기까지의 긴 여정에 관해서는 잘 모르는 사람이 많을 것이다. 더욱이 포항종합제철 이외의 여러 민간 철강업체가 어떻게 다양한 산업의 요구에 대응하며 철강을 제조·공급해 산업화를 뒷받침하였는지에 대해서는 그리 잘 알려져 있지 않다.

이 책에서는 해방 이후부터 1980년대 중반까지 한국 철강산업 발전 과정을 다룬다. 구체적으로 정책입안자와 학계 전문가, 그리고 민간 기업 등이 상호작용하면서 종합제철소 건설에 이르게 되는 과정을 살펴본다. 그리고 종합제철소 건설과 병행하면서 산업의 다양한 철강 수요에 대응하여 당시 민간 기업들이 어떻게 설비 확장 경쟁을 전개해 나갔는지도 살펴보았다.

이후 한국은 철강공업에 기반하여 중화학공업을 성공적으로 발전시킬 수 있었다. 일본과의 국교정상화와 이를 기반으로 한 대일 청구권 자금 확보, 그리고 일본으로부터의 설비 도입은 종합제철소 건설의 결정적 전환점이었다. 하지만 자금과 설비만이 전부는 아니었다. 당시 포항종합제철은 단순 기술 도입이 아닌 장기적 기술자립을 염두에 둔 학습 전략을 추구하였다. 포항종합제철은 1973년 제1기 종합제철소 완공 이후에도 기술 역량을 강화하기 위해 자체 설계와 운영 능력 확보에 집중하였고, 1980년대 광양제철소의 건설에 이르러서는 대부분의 설계 및 운영을 자체적으로 수행할 수 있는 수준에 도달하였다. 이는 단지 물리적 설비의 확대가 아니라, 기술 역량의 질적 전환을 의미하였다.

이 과정에서 정부와 기업은 여러 시행착오를 경험하였다. 그리고 바로 이러한 시행착오 속에서 학습을 통해 한국 철강산업은 성장해 갔다. 이 책에서는 이러한 과정을 일부나마 소개해 보려고 하였다.

이 책은 서울대 조영준 교수로부터 한국경제 시민강좌 기획을 안내받아 구상을 시작하였고, 끝없이 늘어지는 원고를 잘 마무리할 수 있게 여러모로 도움을 받았다. 또 익명의 두 분 평가자로부터 소중한 제언을 받았다. 이 기회를 빌려 다시 한번 감사드린다.

그리고 이 책에서 인용된 사진 자료와 관련하여 도움을 준 포스코 역사박물관 채경주 학예사, 현대제철 홍보팀 장영준 매니저, 그리고 동국제강 홍보실 관계자에게 감사드린다.

아무쪼록 이 책이 한국의 산업화와 철강산업 발전에 관심이 있는 독자에게 조금이라도 도움이 되기를 희망한다.

2025. 9

이상철

차례

들어가며

일제 강점기 식민지 조선의 철강 생산 설비는 일제의 필요에 의해 대부분 북한 지역에 입지하였다. 그리고 남한에 있던 철강 생산 설비는 한국전쟁으로 상당 부분 파괴되었다. 따라서 대부분의 기존 연구는 포항종합제철이 일관 종합제철소(철강의 이해: 철강의 생산공정과 주요 제품 설명 참조)를 건설한 1973년을 한국 철강산업 발전의 본격적 시작점으로 보고 있다(한국철강협회 2005: 72). "철강의 승리"(Amsden 1989)라는 표현과 같이 포항종합제철을 대표 사례로 소개하거나, "경제개발계획 이전에도 한국의 제철공업의 역사가 있으나 역사다운 역사는 포항종합제철 건설에서부터 시작한다"(김광모 1988: 246)라며 포항종합제철을 부각시키기도 한다.

특히 포항종합제철의 사례는 1970년대 한국 정부의 산업육성정책, 구체적으로는 중화학공업화정책의 대표적 성공 사례로 언급되는 경우가 많다.

"포항종합제철공장의 건설은 정부의 선별적 개입 결과에서는 우리가 흔히 기대할 수 없는 보기 드문 성공 사례"(김윤형·김광석 2005: 315)와 같은 언급은 이러한 입장을 대표한다.

물론 포항종합제철이 이룩한 성과와 한국 철강 산업 발전에 기여한 바가 지대하다는 점을 부인할 수는 없다. 그렇지만 포항종합제철에만 초점을 맞추면, 철강산업 전체의 발전 과정에 관한 보다 큰 그림을 놓칠 수도 있다. 한국의 철강산업은 포항종합제철에 더하여 제강 및 압연(철강의 이해: 철강의 생산공정과 주요 제품 설명 참조) 등 여러 분야의 철강 제조업체들이 상호작용하면서 발전해 왔기 때문이다.

정부의 정책과 관련해서도 포항종합제철의 설립과 발전에만 국한해서 접근한다면, 철강산업 전체의 발전에 정부가 끼친 영향을 종합적으로 살펴보지 못할 수 있다. 포항종합제철(보다 구체적으로는 일관 종합제철소 건설과 발전)에 대한 정부의 정책과 여타 철강 분야에 대한 정부의 정책을 함께 살펴봄으로써, 정부의 철강산업정책에 대한 종합적 평가가 비로소 가능해질 것이다.

이 책에서는 1945년부터 1980년대 초반까지 한

철강의 이해: 철강의 생산공정과 주요 제품

철강의 생산공정은 크게 제선, 제강, 압연(그리고 주물)의 3가지 공정으로 구분된다. 제선공정은 용광로 속에 철광석, 석회석 및 코크스를 투입한 다음 가열하여 선철을 만드는 과정을 의미한다. 제선-제강 공정이 연속적으로 이루어지는 일관 종합제철소의 경우에는 철광석 등을 녹여 만든 용선(鎔銑)의 형태로 제선공정의 용광로에서 다음 공정인 제강공정으로 이송된다.

제강공정은 평로, 전로, 혹은 전기로 등을 이용하여 선철 속에 포함되어 있는 탄소, 유황 등 불순물을 제거하여 강철을 만드는 과정을 의미한다. 제강공정만 별도로 존재하는 경우에는 제선공정에서 생산된 선철을 이용하여 강철을 제조하게 된다. 또 제강공정에서는 고철 및 부원료를 이용하여 불순물을 제거하고 필요한 성분을 첨가함으로써 강철을 제조할 수도 있다. 제강공정에서 생산된 강철은 미가공 상태이므로 조강(crude steel)이라고 불리며, 녹인 강철을 주형(ingot case)에 부어 강괴(ingot)를 제조한다. 광의의 제강공정에는 강괴를 분괴압연기에 넣어 슬래브(slab), 블룸(bloom), 빌릿(billet)와 같은 강반성품을 만드는 과정이 포함되기도 한다.

압연공정은 제강공정에서 생산된 강괴 및 강반성품을 강재압연기에 넣어 형강, 봉강, 철근, 선재 등의 조강류나 핫코일(hot coil), 열연박판, 냉연박판, 중후판, 강관 등 판재류를 생산하는 과정을 의미한다. 그렇지만 1960년대 당시 국내의 일부 압연공장에서는 강괴나 강반성품을 이용하지 않고, 직접 고철을 녹여 바로 형강 및 봉강을 생산하기도 하였다. 즉, 제강-압연 공정이 연속적으로 이루어졌다. 또 당시 일부 압연기업은 핫코일을 직접 구입하여 박판을 생산하기도 하였다.

압연공정과 별도로 주물공정이 있는데, 이는 압연공정으로는 만들 수 없는 복잡한 형상의 부품을 만드는 공정이다. 주물은 용선을 주형에 주입하여 만들거나 강괴를 해머나 프레스로 성형가공하여 만들게 된다.

이렇게 생산된 철강제품 중에서 조강류는 건설자재 및 기계부품 등으로 사용되고, 판재류는 자동차, 조선, 가전산업의 소재나 에너지 운송 파이프의 제조에 사용된다.

자료: 김윤형(1976: 26~39); 한국철강협회(1977: 20~21, 41~66); 한국철강신문(1997: 88~129).

슬래브, 블룸, 빌릿

슬래브(slab)는 두께 45mm 초과하고 한 변의 길이가 다른 변 길이의 2배 이상인 강편이며, 블룸(bloom)은 변의 길이가 130mm를 초과하고 단면이 16,900mm^2를 초과하는 각형 강괴이다. 한편, 빌릿(billet)은 변의 길이가 130mm 이하이고 단면이 16,900mm^2 이하의 각형 강괴이다.

국 철강산업의 변화 과정을 살펴본다. 일차적으로는 일관 종합제철소 건설에 초점을 맞추고 있지만, 철강산업과 관련된 일제 강점기의 유산이 대한민국 정부 수립 이후 어떻게 철강산업 발전 과정과 연결되었는지, 그리고 제강 및 압연 분야의 철강 제조업체들의 대응과 정부 정책은 어떻게 전개되었는지도 함께 살펴보고자 한다.

이 시기 국내에 도입되었던 철강 설비는 당시에는 경험하지 못하였던 새로운 기술에 기반하고 있었을 뿐만 아니라, 과거의 여타 산업과는 다른 대규모 투자를 필요로 하였다. 이처럼 새롭게 제기되는 문제들은 철강업계 기업뿐만 아니라 정부 역시 해결해야 할 과제였으며, 철강산업 관련 정책은 정부와 다양한 이해관계를 갖는 민간 기업들과의 상호작용을 통해 전개되어 갔던 것이다.

1

일관 종합제철소 건설까지의 긴 여정

- 1945년 8.15 당시 한국 철강산업
- 휴전 이후 일관 종합제철소 건설 구상
- 제1차 경제개발5개년계획과 일관 종합제철소 건설 시도
- 1964년 '철강공업육성종합계획'에 따른 일관 종합제철소 건설 시도
- 서해안 종합제철소 건설과 좌절

1945년 8.15 당시 한국 철강산업

일제 강점기 조선의 철강 설비는 주로 북한 지역에 입지해 있었다. 1917년 미쓰비시(三菱)제철이 황해도 송림에 건설하였던 겸이포제철소와 1942년 일본제철이 함경북도 청진에 건설하였던 청진제철소가 북한 지역의 대표적인 철강 공장이었다. 현재 겸이포제철소는 황해제철연합기업소로, 그리고 청

일제 강점기 겸이포제철소 전경

자료: 위키피디아(https://commons.wikimedia.org/w/index.php?curid=3290192).

진제철소는 김책제철연합기업소로 불리고 있으며, 이 두 공장은 현재 북한의 가장 중요한 2대 철강공장이다.

이 두 공장 외에도 함경북도 성진(현재 김책시)의 일본고주파중공업 성진공장과 평안남도 진남포(현재 남포직할시)의 강선제강소가 특수강을 생산하고 있었다. 현재 일본고주파중공업 성진공장은 성진제강련합기업소로, 그리고 강선제강소는 천리마제강연합기업소로 불리고 있다.

이들 4개 공장 이외에도 여러 일본 기업이 건설한 공장들이 북한 지역에서 연 90만 톤 이상의 선철을 생산할 수 있는 시설을 보유하고 있었다.

반면 8.15 당시 남한의 철강 설비는 미약하였다. 대표적 철강 설비로는 인천의 제철공장과 삼척의 소형 용광로가 있었다. 인천의 제철공장은 1941년 조선리켄(理研)금속이 인천에 건설하였던 조선리켄금속 인천제철공장으로, 건설 이후 운영난을 겪다가 1942년 가네부치(鐘淵)실업에 인수되어 조업하고 있었다. 인천제철공장은 1948년 대한중공업공사로 개칭되었고, 정부 수립 이후 국영기업으로 출발하였지만, 한국전쟁 발발로 운영의 어려움을 겪고 있었다.

1943년 고레카와(是川)제철에 의해 삼척에 건설되었던 8기의 소형 용광로는 당시 남한에 있는 유일한 제선 설비였다. 소형 용광로란 태평양전쟁 중 물자 부족에 직면한 일제가 현지에서 입수할 수 있는 무연탄을 이용하여 전쟁 수행에 필요한 철강을 생산하기 위해 도입하였던 설비였다. 태평양전쟁 말기 조선 각지에 건설하였던 소형 용광로 제철공

1950년대 삼화제철
자료: 포스코역사관.

대한중공업공사 전경
자료: 현대제철 제공.

장은 9개였는데, 이 중에서 유일하게 남한에 소재하였던 설비가 삼척에 있었던 8기의 소형 용광로였다. 코크스를 원료로 이용하여 선철을 만드는 일반적 제조방법과 달리, 무연탄을 이용하는 간이제철 방식이었으므로, 경제적으로 비효율적인 방식이었다. 8.15 이후 삼척에 있던 고레카와제철의 공장은 삼화제철공사로 개칭되었다. 그렇지만 한국전쟁 와

중에 삼화제철공사 소형 용광로 설비의 약 30%가 파괴되었고, 휴업 상태에 있었다.

휴전 이후 일관 종합제철소 건설 구상

한국전쟁 이후 복구 과정에서 건설용 철강제품에 대한 수요가 늘어났고, 공업화가 진전됨에 따라 철강 수요는 더 늘어났다. 앞에서 살펴본 것처럼 당시 국내 대표적 철강업체는 삼척의 삼화제철공사와 인천의 대한중공업공사였다.

삼화제철공사는 유일하게 제선 설비를 보유하고 있었다. 그렇지만 전쟁 기간 동안 파괴된 시설의 보수가 필요하였다. 1952~1953년 국고보조금을 이용해 용광로 총 8기 중 3기 및 부대시설에 대한 보수가 이루어졌다. 1954년 6월 시험생산을 시작하였지만, 연료 및 자금난으로 인해 1955~1957년간 휴업 상태에 들어갔고, 1957년의 추가 보수를 통해 1958년 5월까지 선철을 생산하였다. 1958년 5월 18일 다시 조업을 중단하였던 삼화제철은 1959년 5월 20일 민간에 불하되어 민영으로 조업을 개시하게 되었다. 이 시기 삼화제철은 조업 중단과 재개를 반복

하였으므로, 생산은 부진하였다.

1950년대 말 국내에는 삼화제철 이외에도 제선 설비를 갖춘 대한제강공업(주), 경성주물제작소 등 10여 개의 소규모 공장이 있었다. 그렇지만 이들은 고철을 이용한 재생 선철 제조공장이었고, 철광석을 이용하여 선철을 생산하는 본격적인 제선공장은 아니었다. 이들은 중소기계공장으로서, 자가수요를 충당하기 위해 소규모 제선 설비를 갖추고 있었을 뿐이었다.

전쟁으로 인한 피해를 복구하는 과정에서 철강제품(특히 건물 개량에 필요한 함석)이 필요하였다. 1953년 4월 이승만 대통령의 특별지시로 전쟁 고철을 이용하여 철강 소재를 만드는 설비를 대한중공업공사에 설치하는 계획이 수립되었다. 대한중공업공사에 대한 자금 지원이 원조가 아닌 국고(정부 보유 외환) 지원을 통해 이루어졌는데, 이는 당시 정부가 철강산업의 복구에 매우 높은 관심을 갖고 있었음을 의미하는 것이다. 1953년부터 시작된 건설계획은 1년 동안의 수정을 거쳐 1954년 6월 서독 데마그(Demag)사로부터 평로제강, 분괴 및 중형압연, 그리고 박판압연 설비를 순차적으로 도입하여 건설하는 계획으로 구체화되었다. 1956년 11월 평로제강공장, 1959년 12월 분괴 및 중형압연공장, 그리고 1960년 4월 박판압연공장이 준공되었다. 당시 외국에서는 압연공장을 먼저 설치한 후 제강공장이 건설될 때까지 반제품을 수입하여 압연공장을 가동함으로써 수지를 맞추는 방식이 채택되었던 것과 비교한다면, 공장 건설의 순서가 역순으로 되었으므로 경제적 측면에서 손실이 초래되었다. 즉, 제강 및 조괴 작업이 끝난 제품인 강괴가 부가가치가 높은 중소형 제품이 아닌 대형 강괴였으므로 판매에 애로가 생겼으며, 이에 박판공장의 신속한 건설이 요구되었던 것이다. 그렇지만 원활한 자금 확보가 늦어짐에 따라 평로공장 건설 과정에서 분괴압연공장의 설비 도입 및 건물공사가 지연되었을 뿐만 아니라 박판도금공장 역시 공사 진행이 지연되었던 것이다.

결국 대한중공업공사는 1958년 19,529톤의 강괴를 생산하였는데, 이는 당시 우리나라 전체 강괴 생산량의 99%를 차지하였다. 이로써 대한중공업공사는 강괴를 생산하는 가장 중요한 공장으로 자리매김하게 되었다.

당시 대한중공업공사가 보유하였던 50톤 규모의 평로 이외에 민간업체(대한제철, 대한제강, 조선제강소)가 보유한 총 3기의 소규모(3~10톤 규모) 평로도 있었지만, 그 생산은 미미하였다. 또 6개 업체가 2~7톤 규모의 전기로 제강시설을 보유하고 있었지만 전력난으로 가동에 제한을 받고 있는 실정이었다. 그 밖에 27개 업체가 압연 설비를 갖고 있었지만, 이들 설비는 대한중공업의 그것에 비한다면 소규모였고 노후화되어 있었다.

그렇지만 제강 원료인 전쟁 고철은 조만간 고갈될 것으로 예상되었다. 게다가 대한중공업공사의 평로는 고철의 재용해를 통해 철강을 생산하는 시설이었다. 따라서 당시 학계의 금속공학 전공자와 대한중공업공사의 간부들은 고철을 원료로 하는 제강공장이 아니라, 철광석을 원료로 선철을 만드는 제선에서 시작하여 제강 및 압연 설비를 모두 갖춘 일관 종합제철소를 건설할 필요를 느끼고 있었다.

대한중공업공사 기획담당 상무 유원상과 기획팀 직원들은 서울공대 윤동석 교수의 자문을 받아, 1950년대 후반부터 상공부 기계과와 함께 일관 종합제철소 건설안을 구상하게 된다.

|표 1| **일관 종합제철소 건설계획안의 변경**

연월	건설주체	규모 (만 톤, 조강/ 연산)	공법	건설장소	자금(만 달러)	자금원	비고
1958.10	대한중공업	20	고로+RN법, LD제강	양양	6,000(3,000)	ICA	
1961. 3	대한중공업	25	고로 일관제철	동해안	5,508(3,200)	서독	
1962. 4	한국종합제철	37	고로 일관제철	울산	16,500(13,575)	서독	DKG안
1962.11	한국종합제철	31	고로 일관제철	울산	15,560(11,780)	미국	블로-녹스 (Blaw-Knox)안
1962. ?	인천중공업	15	저로 4기	인천			
1964.12	인천중공업	10~20		인천			철강공업육성 종합계획 (상공부)
	신규	30~40		울산			
1965.12	인천중공업	1) 50 2) 15+30	고로 일관제철	1) 동해 혹은 남해 2) 인천+동해 혹은 남해			철강공업계열화 육성 방안 (대한금속학회)
1967.10	대한중석	60	고로 일관제철	포항	13,070(9,570)	미국 등 5개국	KISA 기본 협정
1968.12	대한중석	60	고로 일관제철	포항	16,300(10,307)	미국 등 5개국	KISA 추가 협정
1969.12	포항제철	103	고로 일관제철	포항	20,060(12,370)	일본	종합제철사업 계획연구위원회

자료: 이상철(2004: 141).

1958년 10월 상공부가 작성한 '종합제강공장건설계획'은 이러한 과정에서 나온 최초의 일관 종합제철소 건설계획안이었다.

이 계획에 따르면, 외자 3,475만 달러, 내자 248억 환으로 1965년까지 선철 20만 톤 규모의 시설을 대한중공업공사가 양양에 건설하도록 되어 있었다. 제철 방식과 제강 방식에 대한 구체적인 기술적 내용을 담고 있었지만, 활용 가능한 자원, 자본, 기술 등에 대한 실지조사가 소홀한 막연한 구상에 불과하였으므로 현실화되지는 못하였다.

그 후 민주당 정권에서도 차관을 이용한 일관 종합제철소 건설계획이 수립되었다. 1961년 3월 상공부가 부흥부에 회부한 서독 차관에 의한 산업개발계획안에 따르면, 대한중공업공사가 실수요자로서 동해안에 외자 3,200만 달러, 내자 300억 환으로 선철 25만 톤, 강재 17만 톤 생산 규모의 일관 종합제철소를 건설한다는 내용이 포함되어 있었던 것이다.

제1차 경제개발5개년계획과 일관 종합제철소 건설 시도

민주당 정부에서 입안되었던 일관 종합제철소 건설계획은 5.16 군사정변 직후인 1961년 7월 22일 발표된 '5개년종합경제재건계획(안)'에 포함되었고, 다음 달인 8월에 상공부가 발표한 '1961년도 상공시책'에도 반영되었다. '5개년종합경제재건계획(안)'과 '1961년도 상공시책'에는 모두 외자 3,200만 달러와 내자 300억 환으로 22만 톤 규모의 철강공장을 건설하는 내용이 포함되어 있었다.

1962년 1월 13일에 발표된 제1차 경제개발5개년계획은 이 계획을 구체화한 내용이 포함되었다. 선철 25만 톤, 강괴 22만 톤 규모의 종합제철소를 외자 3,200만 달러 및 내자 300억 환을 들여 1962년부터 1966년까지 건설하는 내용이었다. 민주당 정부에서 입안된 일관 종합제철소 건설계획이 규모 및 소요 자금에 거의 변화가 없이 제1차 경제개발5개년계획에 반영되었던 것이다. 예비조사 결과, 종합제철소 건설입지로는 울산, 삼천포, 그리고 영일만 3개 지역이 유력한 것으로 검토되었다.

정부는 민간 기업들이 '투자공동체'를 구성하여 종합제철공장 건설을 맡도록 하였는데, 투자공동체의 구성원은 부정축재자 중에서 종합제철공장 건설에 투자를 희망하는 자와 일반 민간인이 되며 부정축재자의 투자금액 중 부정축재 환수금 해당액은 정부 주식으로 환원하도록 하였다. 당시 종합제철공장의 건설에 참가한 부정축재자는 이정림, 이

양구, 설경동, 그리고 남궁연의 4인이었다. 종합제철공장의 입지는 1962년 1월 26일 각의에서 '울산종합공업지구의 건'이 의결됨에 따라 울산으로 확정되었다.

투자공동체의 구성원들은 1962년 4월 서독 DKG(Demag, Krupp, 그리고 GHH(Gutehoffnungshütte Aktienverein) 3개 회사의 약칭) 대표 덴할트(G. H. Denhaldt)와 종합제철 기술용역을 체결하였다. 그 내용은 'DKG가 연산 강괴 37만 톤 규모의 종합제철 건설을 위한 계획조사 및 예비설계를 8월 31일까지 제출하고 투자공동체는 용역비로 17만 1,875달러를 지불'한다는 것이었다.

서독과의 교섭이 진행되는 가운데 미국과의 접촉도 병행 추진되었다. 투자공동체의 구성원들은 5월 미국 블로-녹스(Blaw-Knox)사와 종합제철공장 건설에 관한 가계약을 체결하였다. 이에 따르면 건설에 필요한 외자소요액의 25%를 직접투자 형식으로 하되 이 금액을 미국의 블로-녹스 등이 부담한다면, 잔여 금액인 75%는 국제개발처(Agency for International Development : AID, 이하 AID)에서 부담한다는 가정 아래, 이와 관련된 기술조사보고서를 11

월까지 제출하도록 하였다.

당시 한국 정부는 서독 및 미국 양측과 교섭하면서 보다 유리한 차관 도입 및 건설 조건을 저울질하고 있었다. 결국 정부는 11월 30일 미국 측의 조건이 보다 유리하다고 결론짓게 된다. 이에 따라 외자 1억 1,780만 달러, 내자 49억 549만 원(3,780만 달러), 합계 1억 5,560만 달러를 투입하여 연산 31만 톤 규모의 종합제철소를 울산 지역에 건설한다는 기본 계약이 김유택 경제기획원 장관, 이정림 한국종합제철 사장, 그리고 포이(F. Foy) 미국 투자공동체 대표 사이에 체결되었다.

그렇지만 이후의 과정은 순탄치 못하였다. 한미합작회사 설립의 준비단계로서 필요한 내자를 조달하기 위한 주식 공모가 1963년 1월부터 시작되었지만, 일반공모 예정이었던 33억 원 중에서 1차로 공모한 9억 1,000만 원에 대해 실제로 응모한 액수는 1,347만 원에 불과하여 내자 조달 계획이 난관에 봉착하였던 것이다.

더욱이 필요한 외자의 대부분을 AID 차관에 의존하게끔 되어 있었던 종합제철소 건설계획은 AID 측의 반대에 따라 결국 좌절되었다. 계획을 현실화시키는 데 가장 중요한 외자 공급원으로 설정되어 있었던 AID 측은 종합제철소 건설계획안이 공식적으로 제출되기 이전부터 부정적 견해를 표방하였다. 1962년 10월 20일자 『동아일보』에는 AID 관계자와의 인터뷰가 수록되어 있었는데, 이에 따르면 AID의 입장은 다음과 같았다.

① 한국은 철광석과 코크스탄 등 자연자원이 빈약하므로, 이를 수입해야 한다. 그런데 수입에 필요한 외화 3,500만 달러는 1961년 현재 한국의 총수출액 4,200만 달러를 감안할 때, 소요 원료 수입을 감당할 수 없다.
② 종합제철소가 건설된 후의 생산능력이 50만 톤에 이르게 되나, 현재 수요는 30만 톤에 불과하다.
③ 한국은 세계 철강 시장에서 이웃 일본과 경쟁할 수 없다.
④ 따라서 한국은 철강재를 생산하는 것보다는 수입해서 사용하는 것이 유리하며, 건설비 1억 5,000만 달러는 한국에서 필요로 하는 다른 사업에 전용하는 것이 오히려 유리하다.

결국 한국종합제철은 해산 상태에 들어갔으며, 1964년 1월에 발표된 제1차 5개년계획의 보완계획에서 종합제철사업은 제외되고 말았던 것이다.

이처럼 정부가 계획하였던 철강공장의 건설이 차질을 빚게 됨에 따라, 향후 철강재의 수급 사정은 악화될 것으로 예상되었다.

제1차 경제개발5개년계획을 보완하는 작업 과정에서 제조업 분야 검토 내용이 수록된 '제1차 경제개발5개년계획 보완작업 2차산업부문보고서'에 따르면, 표 2에서 제시된 것처럼, 보완계획 작성 당시인 1962년 기준 철강재의 국내 수요는 계획 기간(1962~1966년) 중 21만 9,000톤에서 44만 3,000톤으로 약 2배 증가할 것으로 예상되었다. 그렇지만 국내 생산은 12만 5,000톤에서 18만 1,000톤으로 약

|표 2| **제1차 경제개발5개년계획 보완 과정에서 제시된 철강재 수급계획**

(단위: 1,000톤)

구분 \ 연도		1962	1963	1964	1965	1966
수요	국내 수요	219	249	319.8	377	443.8
	수출	–	–	–	–	–
공급	국내 생산	125	125	155	166	181
	수입	84.2	104	164	211	263

자료: 이차산업부문반(1962: 415).

50% 정도만 늘어날 것으로 예상되었으므로, 결국 계획 기간 말인 1966년이 되면 국내 철강 수요의 약 60%에 해당하는 26만 톤 정도가 수입품으로 충당될 수밖에 없는 상황이었다.

이에 따라 기존 설비를 활용한 철강 생산 방안이 모색되었다. 인천중공업주식회사(1962년 대한중공업공사에서 인천중공업주식회사로 사명을 변경하였다) 및 삼화제철의 시설 활용 방안이 제1차 경제개발5개년계획의 보완작업 과정에서 검토되었던 것이다.

'제1차 경제개발5개년계획 보완작업 2차산업부문보고서'에서는 종합제철 건설 및 철강재 수급정책과 관련하여 인천중공업 기업합리화계획을 계속 작업으로 발전시킬 것을 제시하고 있었다. 반면 보고서는 삼화제철에 대해서는 종합제철이 건설된 이후의 장기적 관점에서 본다면, 타당성이 희박하다고 판단하고 있었다. 다만 삼화제철 가동을 통해 제1차 경제개발5개년계획 기간 중 선철 수요량 일부를 국내 조달할 수 있다면, 외화절약을 기할 수는 있을 것으로 파악하고 있었다.

AID의 반대에 부딪쳐 종합제철건설계획이 난관에 봉착하고, 제1차 경제개발5개년계획 보완계획에

|표 3| **한국의 철강 생산능력(1962년 현재)**

(단위: 개소, 1,000톤)

구분		공장 수	생산능력	주요 업체
제선		1	48	삼화제철
제강	평로	3	68	인천중공업
	전로	4	80	동국제강, 한국강업
	전기로	–	–	
	소계	7	148	
압연	중형	2	110	인천중공업
	소형	27	310	동국제강, 극동제강, 한국강강
	열연박판	2	56	한국철강, 인천중공업
	냉연박판	–	–	
	중후판	–	–	
	특수강판	1	6	삼양특강
	강관	5	89	부산철관, 일신산업, 한국강관
	소계	37	571	
주물	주철관	2	26	한국주철관
	주물	6	13	강원산업
	주강	230	130	
	소계	238	169	

자료: 김윤형(1976); 인천제철주식회사(1990); 포항종합제철주식회사(1989).

서 종합제철건설사업이 삭제되는 와중에, 인천중공업 내부에서 일관생산 체제를 구축함으로써 종합제철소 건설사업의 중심기업으로 발전시킨다는 계획이 수립되고 있었다.

주식회사 체제로 새롭게 출범한 인천중공업은 1950년대 중반부터 숙원사업으로 구상해 왔던 선철제조시설의 추가 도입 문제를 검토하기 시작하였다. 1963년경에 착안되고, 1964년 10월부터 1966년 8월까지 검토·수립된 일관생산 체제 수립을 통한 기존의 평로공장과의 연결계획은 2차에 걸친 건설계획으로 구체화되었다.

인천중공업의 건설계획은 일산 70톤급의 제선용 저로(low shaft furnace)• 2기씩을 2차에 걸쳐 설치하여, 선철 생산능력을 연산 5만 톤에서 12만 톤 규모로 신설·확장하고, 선철 및 고철의 수입대체를 이룩함과 동시에 규모 확대를 통한 선철 제조원가를 절감하는 내용을 담고 있었다.

저로: 노의 높이가 낮은 소형 용광로를 의미한다. 제선에 소요되는 연료(일반적으로 코크스)는 노의 정상부에서 장입되어 하강하므로 위로부터의 압력을 받게 된다. 따라서 대형 고로일수록 보다 큰 강도가 요구된다. 반면 노의 높이가 낮아지면, 연료효율과 생산성은 저하되지만 강도가 크지 않아도 제선공정에 사용될 수 있다.

인천중공업이 구상한 일관생산 설비 설치계획은 기존 설비를 최대한 활용할 뿐만 아니라 국산 무연탄을 이용하여 선철을 제조한다는 개념에서 출발한 것이었다. 인천중공업은 1965년초 실제 선철을 생산하는 시험단계에까지 이르렀으나, 더 이상의 진전을 보지는 못하였다.

1964년 '철강공업육성종합계획'에 따른 일관 종합제철소 건설 시도

일관 종합제철소 건설계획은 비록 제1차 경제개발5개년계획 보완 과정에서 제외되었지만, 1964년 12월 4일 개최된 제102차 경제장관회의에서 동해안과 서해안에 각각 하나씩의 철강공장을 건설한다는 복수 공장 건설계획안으로 되살아났다.

이날 경제장관회의에서 성안·확정된 '철강공업육성종합계획'의 결론은 인천중공업에 선강일관작업의 경제성을 기할 수 있는 제선시설 10만 톤 이상을 확보하고, 삼화제철은 개보수를 통해 국내 제강 부문에 원료를 공급하도록 재가동계획을 추진하며, 울산 지역에 30만 톤의 새로운 제철소를 건설하는 것이었다.

연평균 5%로 예상되는 국내 경제성장률 아래 철강재 수요 증가율은 8%가 될 것이므로, 1970년 및 1975년의 국내 철강 수요는 각각 48만 톤과 72만 톤에 달할 것으로 예상되었다.

현재 국내의 제선능력이 연 1만 톤 내외에 불과하지만, 제강능력이 20만 1,000톤에 달하여, 그 차이가 고철로 조달되고 있으므로, 선철의 확보가 절실하다는 점을 지적하였다. 특히 계획은 제선일관 시설의 경제적 이점에 관해 언급하면서 일관 종합 제철소 건설의 필요성을 역설하였다.

또 압연 부문의 경우에는, 시설이 영세하고 노후화되었을 뿐만 아니라, 생산 품목이 특정 분야에 치중해 있다는 문제가 있었다. 우선 1960년대 중반 당시 국내 철강 설비의 약 90%가 1940년대 이전에 제작된 것이었고, 나머지 역시 대부분이 1950년대에 제작된 것이었다. 그리고 당시 국내에서 생산되는 철강제품은 주로 소형 형강, 봉강, 그리고 선재(철근) 등이었고, 열간압연, 냉간압연, 중후판, 그리고 궤조 등은 국내에서 생산이 되지 않아서, 수입품으로 충당되고 있었다. 따라서 이들 압연 부문의 시설 확충이 필요한 실정이었다.

그림 1에서와 같이, '철강공업육성종합계획'에서는 삼화제철, 제1제철, 그리고 제2제철로 구분된 각각의 제선 설비에서 출발하는 제선–제강–압연의 계통도를 제시하고, 각각의 설비별로 기존 시설을 이용하는 것, 시설의 보완이 필요한 것, 그리고 신설되어야 할 것으로 구분하고 있었다. 이에 따

|그림 1| **'철강공업육성종합계획'에서의 기존 시설과 보완할 시설(1970년대 기준)**

제선 부문	제강 부문	압연 부문			신설 여부
삼화제철					기존
	→국내 중소제강업체				기존
		→중소압연 업체			기존
			→중소형강		기존
			→봉강		기존
			→선재		기존
제1제철 인천중공업 제선시설					신설
	→인천중공업 제강시설				보완
		→분괴압연			보완
			→중형압연		보완
				→기존 열간압연업체	기존
제2제철 울산 제선시설					신설
	→울산 제강시설				신설
		→분괴압연			신설
			→strip압연		신설
				→냉간압연	신설
				→열간압연	신설
				→중후판	신설
			→대형강 압연		신설
				→궤조	신설
				→기타 대중형 강재	신설

자료: 경제기획원(1964)에서 작성.

르면, 삼화제철은 기존 설비를 유지하는 것으로 되어 있었다.

제1제철인 인천중공업의 경우에는 제선 설비를 신설하고, 제강 설비를 보완하도록 하였고, 압연 부문의 분괴압연과 중형압연 설비는 보완하여, 이를 통해 생산된 제품을 기존 업체들에게 공급하도록 하였다. 여기서의 기존 업체는 인천중공업과 한국철강을 지칭하며, 이 두 업체는 열간압연 제품을 생산하고 있었다.

반면 제2제철의 경우에는 제선 및 제강 설비뿐만 아니라 압연 부문의 분괴압연 설비 등도 모두 신설하여 여기서 생산된 제품을 역시 신설되는 냉연강판, 열연강판, 중후판, 궤조, 대중형 강재 제조 시설에 원료로 공급하도록 하였다. 국내에서 생산되지 않고 있던 이들 제품의 수입대체를 목표로 제시한 것이었다.

결국 '철강공업육성종합계획'은 추정된 예상 수요에 입각하여, 향후 압연 부문에서의 설비 확충 시 우선적으로 투자가 이루어져야 할 분야를 언급하고 있었던 것이다.

'철강공업육성종합계획'은 종합제철공장 건설에서 검토할 필요가 있는 여러 가지 조건들을 다각적으로 검토하고 있었다는 점에서 지금까지의 건설계획과는 구별되는 측면을 갖고 있었지만, 다음과 같은 측면에서는 아직도 불완전한 요소를 내포하고 있었다.

우선, 수요 추정과 최적시설 규모의 문제를 들 수 있다. 1950년대 후반부터 1960년대 중반까지 종합제철소의 건설은 철강의 수입대체를 목표로 추진되었다. 1970년의 국내 철강 수요를 예측하고, 이를 충족시킬 수 있는 철강공장의 규모를 산정하고 있었던 것이다. 그렇지만 철강산업은 규모의 경제가 나타나는 대표적인 산업이다. '제선-제강-압연' 공정이 수직적으로 통합된 일관 종합제철소의 경우, 표 4에서와 같이 연간 생산능력이 약 500만 톤에 도달할 때까지 규모의 경제가 지속적으로 나타나는 것으로 보고되고 있다. 즉, 연간 생산능력 규모가 50만 톤일 경우, 톤당 생산비는 100만 톤에 비해 28% 포인트, 400만 톤의 경우보다는 67% 포인트나 증가하게 된다. 따라서 국내 수요에 맞추어 적정 규모에 미달하는 생산 설비를 그것도 2개씩이나 건설하는 것은 생산원가 면에서 경쟁력을 확보

|표 4| **일관 종합제철소의 규모별 생산비지수**

공장 규모 (연간 생산능력)	50만 톤	100만 톤	200만 톤	400만 톤	600만 톤	800만 톤	1,000만 톤
톤당 생산비지수	199	155	136	119	110	105	100

자료: 남종현(1979: 59~62).

하기 어려운 것이다. 이 문제와 관련하여, 대한금속학회는 1965년 12월에 제출된 보고서 '철강공업계열화육성방안'에서 "복수기업으로의 육성이라는 원칙이 철강공업의 분산을 뜻하며 그만큼 가동단위의 저하를 가져오므로 채산성을 저해하므로 이에 대한 재검토"를 요청하였던 것이다.

다음으로, 생산기술과 관련된 문제가 있었다. '철강공업육성종합계획'에서는 경제적인 면에서는 유리한 일관 종합제철소의 건설을 추진할 것을 주장하고 있었지만, 어떤 제선 설비를 도입할 것인가 하는 문제를 직접 다루고 있지는 않았다. 그리하여 결국 후술하는 것처럼 서해안 종합제철소의 제선 설비가 "비록 대부분의 철광석과 연료탄을 수입하는 한이 있더라도 … 생산성이 높은 대형 용광로"로 해야 한다는 1965년 12월자 대한금속학회의 보고서 '철강공업계열화육성방안'에서의 주장과는 상이한 방식으로 이후 서해안 종합제철소의 건설이 추진될 수밖에 없었던 것이다. 이러한 사실은 당시 관료들이 철강산업이 갖는 기술적 특성에 대한 충분한 이해에 기반하여 정책을 수립하지 못하고 있었음을 보여 주는 것이고, 다음 장에서 보듯이 거액의

|표 5| **국내 철강 생산시설 및 생산능력(1966년 현재)**

(단위: 연산)

구분		주요 회사		시설능력(계)
		회사명	시설	
㉮ 제선 부문	(선철)	삼화제철	20톤 소형고로 8기	10,000톤
㉯ 합금철 부문		한국전기야금회사 북삼화학	2,000KV 2,500톤 6,000KV 6,000톤	2개사 8,500톤
㉰ 제강 부문	평로(강괴)	인천중공업	50,000톤	3개사 65,000톤
	전노(강괴)	동국제강	20,000톤	8개사 102,000톤
	전기로(주강품)	부산제철소	20,000톤	8개사 34,000톤
	소계			201,000톤
㉱ 압연시설	분괴중형압연	인천중공업 대한제철	100,000톤 10,000톤	2개사 110,000톤
	소형강압연	동국제강	60,000톤	37개사 342,000톤
	소계			452,000톤

자료: 경제기획원(1964: 9~11).

차관을 통해 도입한 설비가 제대로 가동되지 못하고 폐기되는 결과를 초래하였던 것이다.

마지막으로, '철강공업육성종합계획'은 민간이 차관 도입을 통해 종합제철공장을 건설한다면, 충분히 검토된 사업계획에 기반해야 할 뿐만 아니라 건설주체의 자금 동원 능력이 일정 수준 이상 확보된 상태에서 추진될 필요가 있음을 지적하고 있었다. 특히 내외자를 막론하고 엄청난 자금이 소요될 것으로 예상되는 종합제철건설사업의 성공적 추진을 위해서 이는 필수적인 것이었지만, 실제로는 이런 원칙이 지켜지지는 않았다. 다음에서는 인천제철이 주체가 되었던 서해안 종합제철소 건설 과정을 통해 이상의 문제들을 살펴보자.

서해안 종합제철소 건설과 좌절

동해안 지역에 최신예 일관 종합제철소 완공 때까지 인천중공업의 시설을 모체로 중형강 중심의 종합제철공장을 완성한다는 내용의 '철강공업육성종합계획' 발표와 함께 인천중공업의 민영화가 추진되었다.

사실 공기업 민영화에 대한 논의는 제1차 경제개발5개년계획의 보완계획 작성 과정에서 본격화되었다. 즉, 보완계획에서는 23개의 정부투자기업체의 민영화와 국유재산의 매각을 과감하게 촉진하도록 되어 있었다. 이에 따라 1964년 7월에 재무부가 민영화 추진 방안을 각의에 보고하였는데, 여기에 인천중공업이 민영화 대상에 포함되어 있었던 것이다.

인천중공업의 민영화 문제와 관련하여 가장 적

극적 대응을 펼친 사람은 원형묵과 이동준이었다. 원형묵은 1962년 7월 28일 철강공업협동조합•의 2대 이사장으로 선출된 이후 1963년까지 지속적으로 인천중공업의 불하를 위해 노력해 왔다. 심지어 1963년에 철강공업협동조합이 추진한 사업 내용의 한 항목이 "인천중공업의 불하 활용을 포함한 제철공장 건설 신청"으로 명기되어 있을 정도로 인천중공업의 민영화에 대한 관심은 컸다.

철강공업협동조합: 압연업체 16개사가 주축이 되어 압연용 원자재의 공동 확보와 분배 그리고 이와 관련된 자금융자를 주된 목적으로 하여 1962년 4월 1일 결성되었다.

이동준은 1962년 투자공동체의 주요 구성원인 이정림과 함께 종합제철공장 건설에 필요한 차관 교섭을 위해 서독을 방문한 경험이 있었으므로, 인천중공업의 민영화에 관심이 있었다. 특히 이동준은 민주공화당 창당 과정에서 김종필과 함께 창당 준비위원으로 활동한 경력이 있었으므로 여당과의 정치적 친분 관계를 이용할 수 있는 유리한 위치에 있었다.

1964년 7월에 인천중공업 민영화 방안이 발표되자, 이동준과 원형묵은 10월 인천제철(주)을 설립하였다. 인천제철은 대표이사 사장으로 이동준을, 대표이사 부사장으로 원형묵을 선출하였다. 1965년 1월 인천제철은 인천중공업의 기존 제강시설을 보강

하여 생산능력을 7만 톤에서 14만 톤으로 확장함과 동시에 12만 5,000톤 규모의 제선시설을 신설하기 위한 3억 6,000만 마르크(920만 달러)의 자본재 도입 계약을 서독의 데마그(Demag)사 및 루르기(Lurgi)사와 체결하였다.

인천중공업의 불하가 결정되기도 전에 인천중공업의 기존 시설을 활용하여 선강일관생산 체제를 구축한다는 사업계획은 인천제철로의 불하를 확정짓기 위한 사전 노력의 일환으로 작성된 것으로 간주되었기에, 당시 여론의 주목을 받았다.

인천중공업의 민영화는 일반공매를 통해 이루어졌는데, 1966년 8월부터 12월까지 16차에 걸친 정부 소유 주식 117만 6,450주 불하가 이루어졌고, 최종적으로 116만 3,130주(인천중공업 전체 발행 주식의 51.9%)를 인천제철이 불하받음으로써 마침내 인천중공업을 인수하였다.

인천제철이 서독으로부터 도입한 설비는 예비환원로(Rotary Kiln)와 전기환원로를 이용하여 연간 23만 톤의 철광석을 투입하여 12만 5,000톤의 선철을 생산하는 제선 설비를 필두로 기존 연산 7만 5,000톤 생산능력의 평로공장을 14만 톤 규모로 확장하기 위한 제강 설비, 기존 중형압연공장의 확장 설비 등이었다.

그런데 인천제철이 도입한 제선 설비를 둘러싸고 인천제철 측과 대한금속학회와의 논쟁이 벌어졌다. 대한금속학회의 주장은 종합제철공장에서 생산의 시발이 되는 제선 부문은 그 기술과 생산성이 확인되어 있으며, 대다수 제철회사가 채택해 온 고로 방식에 의존해야 하며, 특히 특수제철법의 다양한 방식 중에서 인천제철이 도입하고자 하는 설비는 기술적으로 아직 대량생산 방식으로 확인된 것이 아니라는 것이었다. 이러한 대한금속학회의 주장은 1964년 10월 13일 상공부 장관이 의뢰한 '제철공장 건설에 필요한 참고자료' 제출 요청에 대한 답신서에 수록되어 있었다. 대한금속학회의 주장은 각 제철법 중에서 기술적으로 우수한 공법은 고로법이고, 만약 우리나라가 본격적 제철소 건설을 기도한다면 비록 연료비 및 대부분의 철광석을 수입할 필요가 있다고 할지라도 대형 고로를 채택해야 한다는 것이었다.

반면 인천제철 측은 도입하고자 하는 설비가 특수제철법에 기초하고 있지만 이미 소규모 생산시험에서 성공하여 그 확실성이 입증되었고 세계적인 메이커가 보증하는 방식인 만큼 문제될 것이 없다고 주장하였다.

급기야 대한금속학회는 1965년 6월 15일자 『조선일보』를 통해 "현재 정부가 추진 중인 분산적이고 비합리적인 철강사업계획을 일체 지양하고 이들을 종합한 단일 종합제철건설계획으로 전환해야" 하며, "현 실정에서는 일산 1,000톤 이상의 대형 고로를 채택해야 하면 인천제철에서 계획 중인 예비환원식 전기로 제철법은 회피하는 것이 타당하다"는 내용의 성명서를 제출하였다. 도입 공정의 기술적 타당성 문제는 인천제철의 자본재 도입 계약, 차관계약 및 지불보증승인신청을 심의하기 위해 1965년 11월 20일 개최된 제65차 외자도입촉진위원회에서 다시 제기되었다. 이 자리에서 위원회의 일부 위원은 인천제철이 도입하려고 하는 제철법이 아직 시험 단계에 있는 방법이며 기술적 타당성이 의심스럽다고 하였지만 전기제철법의 타당성이 기술적으로 인정되었으며, 성능 보장에 대하여도 공여자 측에서 책임을 지도록 하였으므로 정부가 자신을 갖고 제안하는 것이라는 위원회 간사의 보충설명에 따라 인천제철의 자본재 도입건은 승인되었다.

그렇지만 그 이후의 상황은 인천제철의 주장처럼 순조롭게 진행되지는 않았다. 공장 건설공사가 1968년 12월 15일의 예비환원로공장 준공과 12월 27일의 전기제선로공장 준공과 함께 마무리되었고, 1969년부터 시험생산을 위한 가동이 개시되었지만, 연이은 고장과 조업 사고로 설비시설의 성능은 전혀 보장할 수 없게 되었다. 계속 지연되었던 준공식이 1970년 10월 16일 개최되었지만, 10월 29일 전기제선로 노저의 관통붕괴 사고로 인해 10명의 노동자가 사망하는 사고가 발생하게 되었다. 사고 발생 이후 1971년 6월 한국과학기술연구소에서 작성한 '건전화 방안 수립에 관한 조사연구'에 따르면, 인천제철의 제선 방법은 한국에서 가까운 시일 내 경제적 생산시설로서의 영리적 운용이 어려울 것이었다.

인천제철은 자금 조달 과정에서도 문제점을 노정하였다. 인천제철의 선강일관공장 건설사업은, 적어도 외자 도입액 규모와 관련해서는, 1960년대 한국 철강산업에서 가장 중요한 사업이었다. 1962년부터 1969년까지 인천제철이 도입한 외자 총액

약 2,065만 달러는 같은 시기 철강 부문에서 9개 철강업체가 도입한 총외자 약 5,000만 달러의 40.7%를 차지하고 있었다. 이 시기 철강산업에서 인천제철이 차지하는 위치를 짐작할 수 있다.

그런데 인천제철이 1965년 경제기획원에 제출한 자금계획서에 따르면, 공장 건설 및 운영에 필요한 내자 소요액은 13억 4,000만 원에 달하였는데, 이 내자 역시 11억 원은 자본금 불입을 통해 나머지 2억 4,000만 원은 융자를 통해 조달하는 것으로 계획되어 있었다. 그렇지만 1965년까지 인천제철이 실제로 불입한 자본금이 1억 5,000만 원에 불과하였으므로, 공장 건설 및 초기조업에 필요한 37억 원의 4%에 불과한 자금으로 공장 건설이 시작된 셈이었다.

또 인천제철의 자금계획서에는 서독 차관 도입 이외에 약 156만 달러의 추가 차관 도입이 명기되어 있었다. 이 금액은 서독으로부터 자본재 도입할 때 지불해야 하는 착수금에 대한 추가 차관액이었다. 결국 자본재 도입에 따르는 착수금을 지급할 만큼의 자금도 확보되지 않은 상태에서 인천제철의 차관 도입이 승인되었던 것이다.

그뿐만 아니라 인천제철은 1967년 2월 UDI(United Development Investments Inc.)[•]로부터 300만 달러의 추가 현금차관을 도입하게 되는데, 이는 8억 500만 원에 달하는 인천중공업 주식인수대금을 납부하기 위한 것이었다. 정부는 1966년 11월에 개최된 제3차 외자도입심의위원회에서 인천제철이 신청한 300만 달러의 현금차관을 승인하였다.

UDI: 파나마에 소재한 사울 아이젠버그(Saul Eisenberg)의 회사였다. 아이젠버그는 오스트리아 출신 유대인으로, 1960년~1970년대 초 한국 상업차관 도입을 중재하는 역할을 수행하였다.

충분한 자금을 확보하지 않은 상태에서 거액의 차관을 도입할 뿐만 아니라 현금차관을 이용하여 인천중공업을 인수하였던 인천제철의 정상적 운영을 기대하기는 어려운 상황이었다.

게다가 연이은 고장과 조업 사고로 제품 생산이 이루어지지 않고 있었으므로, 인천제철은 1965년 약 478만 원의 결손을 기록한 이후 고철 등의 원료를 수입하여 인천중공업 및 철강공업협동조합에 판매함으로써 영업을 전개할 수밖에 없었던 것이다. 1968년 UDI로부터 차입한 현금차관의 원리금 상환 요구가 시작됨에 따라, 인천제철은 UDI와 교섭을 통해 상환 기간을 변경하고, 이에 따른 이자 증가액만큼의 지불보증금액 변경을 경제기획원에 요청하게 된다.

그렇지만 인천제철은 계속적인 자금 압박으로 인해 운영 자금의 차입이 늘어만 갔고, 결국 1968년 12월에 산업은행으로부터 5억 원의 차입에 대해 더 이상의 담보 제공이 불가능해지면서 산업은행에 의한 관리를 받게 되었던 것이다.

이후 인천제철은 1969년 3월 부실기업정리담당 특별반이 청와대에 설치되고, 1969년 6월 정리 방안이 마련됨에 따라, 1970년 4월 인천중공업을 합병하였으며, 인천제철 소유의 인천중공업 주식은 매각되고 산업은행의 투자는 융자로 전환되었다. 이후 인천제철•은 제선·제강·압연을 잇는 일관생산 체제를 구축한다는 계획에서 제선 부문을 포기하는 방향으로 전환하게 된다. 결국 인천중공업의 기존 설비를 활용하여 일관 종합제철소를 건설한다는 서해안 종합제철소 건설계획은 실패로 끝나게 되었다.

부실기업 정리 이후의 인천제철: 산업은행의 출자관리를 받아 오던 인천제철은 1978년 6월 현대그룹에 인수되었다.

2

1960년대 한국 철강업계의 설비 확충

철강 수급과 수입대체의 진전

중소 철강업체의 설비 확충

대규모 철강업체의 차관 도입을 통한 설비 확충

압연 설비 도입 경쟁

철강 수급과 수입대체의 진전

철강재를 조강, 판재, 그리고 주단강으로 나누었을 때, 1960년대 동안 국내 철강재 전체 공급 중에서 각각이 차지하는 비중은 비록 연도별로 상대적 비율의 차이는 있지만, 조강이 약 50%, 판재가 약 40%, 그리고 주단강이 약 10% 수준이었다. 조강 중에서는 철근의 비중이 압도적이어서, 철근의 공급량은 국내 철강재 전체 공급량의 약 30%, 조강 공급량의 약 60%를 차지하고 있었다. 철근 다음으로 국내 공급 비중이 높은 제품은 박강판으로서 전체 공급의 18% 정도를 차지하고 있었으며, 중후판 및 강관 등이 국내 철강재 전체 공급에서 차지하는 비중이 높았다.

설비의 확장 속에서 철강재의 국내 생산은 급속히 증가하였다. 표 6에서 확인할 수 있는 것처럼, 1962년 14만 톤 수준에 불과하였던 철강재 국내 생산은 1971년 146만 톤 규모로 현저히 증가하였다. 이 과정에서 철강재의 수입대체가 일정 정도 진행되었다. 그림 2에서와 같이, 수입 비율(철강재 전체 공급에서 수입품이 차지하는 비율)은 1962년 약 50% 수

|표 6| 철강재 수급 추이(1962~1971년)

(단위: 톤)

수요	조강			판재			주단강			합계		
	내수	수출	계	내수	수출	계	내수	수출	계	내수	수출	계
1962	111,173		111,173	117,869	2,594	120,463	32,980		32,980	262,022	2,594	264,616
1963	150,347	20,162	170,509	126,002	53,131	179,133	53,166	940	54,106	329,515	74,233	403,748
1964	121,635	19,621	141,256	78,919	13,086	92,005	56,670		56,670	257,224	32,707	289,931
1965	161,722	17,193	178,915	125,916	41,033	166,949	56,901	9	56,910	344,539	58,235	402,774
1966	255,131	3,420	258,551	143,684	28,602	172,286	89,532		89,532	488,347	32,022	520,369
1967	328,941	2,048	330,989	299,990	6,082	306,072	114,754	3,474	118,228	743,685	11,604	755,289
1968	506,894		506,894	332,177	10,941	343,118	164,394	364	164,758	1,003,465	11,305	1,014,770
1969	696,259	4,054	700,313	417,634	32,847	450,481	171,080	5,524	176,604	1,284,973	42,425	1,327,398
1970	765,781	19,089	784,870	492,339	60,674	553,013	161,814	979	162,793	1,419,934	80,742	1,500,676
1971	846,528	27,007	873,535	543,346	172,314	715,660	179,617	1,945	181,562	1,569,491	201,266	1,770,757

공급	조강			판재			주단강			합계		
	생산	수입	계	생산	수입	계	생산	수입	계	생산	수입	계
1962	78,358	32,815	111,173	32,493	87,970	120,463	30,787	2,193	32,980	141,638	122,978	264,616
1963	122,082	48,427	170,509	39,256	139,877	179,133	46,025	8,081	54,106	207,363	196,385	403,748
1964	125,139	16,117	141,256	48,398	43,607	92,005	55,933	737	56,670	229,470	60,461	289,931
1965	153,574	25,341	178,915	56,630	110,319	166,949	56,147	763	56,910	266,351	136,423	402,774
1966	198,512	60,039	258,551	69,183	103,103	172,286	66,552	23,008	89,560	334,247	186,150	520,397
1967	250,692	80,297	330,989	137,224	168,848	306,072	81,823	36,405	118,228	469,739	285,550	755,289
1968	418,253	88,641	506,894	204,722	138,396	343,118	118,622	46,136	164,758	741,597	273,173	1,014,770
1969	587,758	112,555	700,313	310,039	140,442	450,481	112,541	64,063	176,604	1,010,338	317,060	1,327,398
1970	709,283	75,587	784,870	454,207	98,806	553,013	112,727	50,066	162,793	1,276,217	224,459	1,500,676
1971	757,878	115,652	873,530	582,873	132,784	715,657	120,165	61,397	181,562	1,460,916	309,833	1,770,749

주: 조강은 형강, 봉강, 철근, 선재, 궤조. 판재는 중후판, 박강판, 대강, 강관. 주단강은 주물, 주철관, 주강, 단강 등. 최종 제품 기준이므로, 중간 소재 수입량 등은 포함되어 있지 않음.
자료: 김윤형(1976: 82~88).

준에서 1970년 약 20% 미만 수준으로 저하하였다. 그렇지만 철강재 종류별로 수입대체의 진전 속도는 달랐다. 판재의 수입대체가 뚜렷하여, 1962년 70%를 상회하던 수입 비율은 1970년이 되면 20% 수준으로 급속히 저하하였다.

이는 압연 부문 기업들의 설비 도입 경쟁의 결과였다. 즉, 상업차관을 이용하여 선진국으로부터 최신 설비를 경쟁적으로 도입한 결과가 수입대체의

|그림 2| **철강재 국내 생산, 수입, 수출 비중 추이**

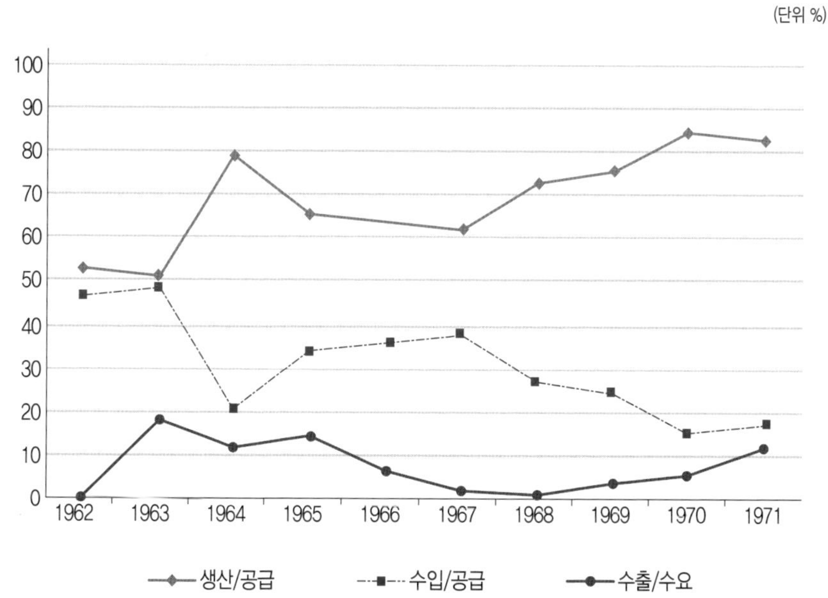

자료: 표 6에서 작성.

진전으로 나타났던 것이다. 그렇다면 이상과 같은 판재의 수입대체는 정부가 수립한 육성계획에 따라 차질 없이 이루어진 결과였을까?

중소 철강업체의 설비 확충

'철강공업육성종합계획'이 확정된 이후, 서해안 종합제철소 건설이 어려움을 겪고 있고, 동해안 종합제철소의 건설은 아직 현실화되지 않고 있었다. 특히 '철강공업육성종합계획'이 발표된 이후 철강공업 육성에 관한 세부 집행계획은 아직 마련되지 않고 있었다. 즉, 1960년대 후반까지는 "제선-제강-압연" 사이의 유기적 연계를 염두에 두고, 철강공업의 다운스트림 부문인 제강 및 압연 분야의 구체적 발전 전망을 제시하는 방식으로 정책이 마련되지는 않고 있었던 것이다. 이에 따라 점증하는 국내의 철강 수요의 상당 부분은 전적으로 민간 기업 각자의 판단에 따른 설비 확충을 통해서 충당되었다. 1960년대 한국 철강공업 성장에서 보이는 이와 같은 특징은 당시 정부가 발간한 자료의 다음 구절을 통해서도 확인할 수 있다.

> 지금까지 우리나라의 철강공업은 확고하게 설정된 어떤 방향 또는 정책에 따라 발전되어 왔다기보다는 자유스런 개개기업의 활동으로 성장하여 왔다(과학기술처 1968: 268).

철강 제조공정의 업스트림 분야인 제강, 제선 분야로 갈수록, 소요 자금이 급증할 뿐만 아니라 기술적 어려움도 가중되므로, 중소기업이 업스트림 분야의 해당 시설을 확보하는 것은 불가능한 상황이었다.

더욱이 압연 부문의 중소기업들이 필요로 하는 철강 원료의 공급은 차질을 빚고 있었다. 공업화의 진전에 따라 건설업 및 제조업 분야에서 철강의 수요는 증가하고 있었지만 국내 공급은 이에 미치지 못하였다. 외환이 부족하였기 때문에 국내 공급이 부족하더라도 이를 즉각 수입을 통해 메울 수 없었으므로, 주기적인 철강제품 가격 상승이 나타났다.

당시 신문의 지면을 장식하였던 다음과 같은 기사들은 매년 주기적으로 발생하였던 철강 원료의 공급 부족 상황을 보여 주고 있다(『서울경제신문』에 수록된 기사의 타이틀이고, 괄호 안은 발행 날짜이다).

"재고부족으로 가격 올라 철강재 은행불 수입 허가"(1962. 10. 17). "철강부족은 극한"(1963. 9. 13). "빌릿價 급등"(1964. 3. 6). "철근값 고자세"(1964. 3. 29). "건설업계 위협하는 철근값"(1965. 9. 4). "불균형성장-철근"(1966. 6. 17).

철강의 초과 수요가 만연해 있었지만, 이에 대응한 생산에 필요한 원료 확보는 용이하지 않았다. 1960년대 국내의 압연업체들은 고철을 이용하여 철강을 생산할 수 있는 제강 설비를 갖춘 업체(제강-압연업체)와 제강 설비 없이 압연만 하는 업체(압연단독업체)의 2가지 범주로 구분되었다. 제강-압연업체는 고철을 확보하는 것이 중요 과제였고, 압연단독업체는 압연 소재 확보가 중요 과제였다.

1962년 4월 철강공업협동조합을 구성한 압연단독업체들은 계속해서 인천중공업공사에 압연 소재 공급을 요청하는 한편, 상공부에는 원료 수급과 관련한 건의서를 제출하기도 하였다. 나아가 정부 보유 외환 등으로 압연 소재를 도입할 수 있도록 해줄 것을 요청하기도 하였다.

철강공업협동조합은 설립한 해인 1962년 5월 대한중공업에 원료(압연 소재) 공급을 요청하였다. 7월

제강-압연업체와 압연단독업체

제강-압연의 연속 생산공정을 가진 업체(제강-압연업체)는 제강협회에 소속되어 있었고, 당시 이들은 제강업체로 분류되었다. 반면 제강 없이 압연만 하는 압연단독업체들은 압연협동조합에 소속되어 있었다. 한편, 부산 지역에서 활동하는 압연단독업체들은 부산 지역 압연협동조합을 별도로 운영하고 있었다. 이들 두 단체 모두가 임의단체였다. 이후 중소기업협동조합법에 따라 1962년 4월 압연단독업체들이 구성한 조합이 철강공업협동조합이었다. 협동조합을 구성하였던 가장 중요한 이유는 압연용 원자재의 공동 확보 및 분배, 그리고 자금융자에 참여하기 위해서였다. 따라서 제강 설비를 갖추고 있어서 압연 소재를 자체적으로 생산할 수 있던 기업들은 철강공업협동조합에 가입하지 않았다.

에는 원료 수급에 대한 조합으로서의 건의안을 작성하여 상공부에 제출하고, 원료의 실수요자 책정 방안에 대한 조합 의견으로서 건의서를 제출하였다. 또 인천중공업에 대해 강제성 있는 필요한 지시를 내리도록 상공부에 요청하였고, AID 자금에 의한 원료 긴급 도입 신청서를 제출하였다. 8월에는 원료의 긴급 도입을 위해 한국정부보유외환(Korean Foreign Exchange: KFX) 자금을 사용할 것을 상신하였고, 인천중공업으로 하여금 대기업을 위주로 한 압연 소재의 대량 공급을 해제하고 그 대신 중소 압연업체에 대해 더 많은 배려를 하도록 요청서를 제출하기도 하였다. 즉, 조합은 회원사를 위한 원료(압연용 소재) 확보에 초점을 맞추고 있었던 것이다. 이에 정부는 철광석 수출에 대한 구상무역으로 수입되는 빌릿 1만 2,000톤 중에서 3,765톤을 철강공업협동조합에 배정하는 결정을 내리게 된다.

한편, 강괴를 생산하기 위해 간이제강법을 채택하는 업체도 증가하였다. 간이제강법은 원래 고철을 녹여 주물을 만드는 데 사용하던 설비를 제강용으로 활용하는 것이다. 용량이 3~4톤 규모였으므로, 1회 출강으로 80kg의 소형 강괴 40~50개를 생산하였다. 이렇게 생산된 강괴는 철근이나 형광을 만드는 데 사용되었다. 국산 무연괴탄을 사용할 수 있다는 장점이 있었지만, 생산된 강괴의 강도가 약하고 품질이 나빠서 기계제조용으로는 적합하지 않았다. 대개 기계제조용이 아닌 일반구조용 철강의 규격 요건은 상대적으로 낮고, 더욱이 건설자재인 철근의 경우에는 강도나 불순물 함유 비율 등에 대한 요구사항은 더욱 낮은 수준에 머무르는 것이 일반적이다. 주로 건설용으로 사용되는 철근 제조에 이러한 간이제강법이 활용되었다. 고철과 무연괴탄을 확보할 수 있었던 업체들은 대한중기가 최초로 개발하였던 이 설비를 모방한 설비를 적극적으로 도입하였다. 간이제강법은 1970년대 초까지 활용되고 있었다.

당시 간이제강법으로 자체적으로 생산한 압연 소재를 사용하여 철근 등을 제조하였던 회사는 8개 사였고, 이들이 보유한 전로는 총 16기였으며, 연간 총생산량이 10만 톤에 달하였다고 한다.

이는 1960년대 초반 당시 국내 철강 수요 중 상당 부분이 기계공업이 아닌 건설업 부문에서 나왔다는 사실과 관련이 있다. 표 7을 통해서도 알 수 있듯이, 전체 철강 공급량 중 47.7%가 건설업으로 향하고 있었다. 철근과 철판이 건물 및 공장 건설용 자재로 사용되었던 것이다. 다음으로 금속제품 17.7%, 조선 및 자동차 등의 수송기계 17.5%, 그리고 일반기계 및 전기기계 합계 14.0% 등의 순이었다. 이는 당시 국내 산업의 발전 수준을 반영한 것이었다. 산업용으로 사용되는 판재, 그중에서도 박판의 수요가 철근의 수요를 앞지르게 되는 것은 1972년부터였다.

중소규모 업체들은 압연 원료 확보를 위해 동분서주하였고, 간이제강법 등을 이용하여 원료 문제에 대응하고 있었던 것이다. 건설자재 수요가 급증하는 가운데, 중소규모의 업체들이 간이제강법을 채택하여 제조한 강괴를 이용하여 원료 문제에 대응하고 있었던 것이다.

한편, 1961년 재일교포 안도(安藤)가 설립한 부산제철(1968년 동국제강에 인수되었다)에서는 용량 20톤의 아크(arc)식 전기제강로 설비를 일본으로부터 반입하여 1962년 완공하게 된다. 간이제강법과 달리, 전기제강로는 유황과 인을 효과적으로 제거할 수 있어서, 상대적으로 고품질의 소형 강괴 생산이

|표 7| **업종별 철강재 공급(1963년 현재)**

업종	공급량(톤)	비율(%)
조선	21,200	5.6
자동차	12,700	3.4
철도차량	22,800	6.0
자전차	9,600	2.5
일반기계	42,800	11.3
전기기계	10,000	2.7
금속제품	66,600	17.7
용기	11,500	3.0
건설	180,000	47.7
합계	377,200	100.0

자료: 기획조정실(1967: 464).

가능하였다. 전기제강로는 1960년대 중반 이후 철강업계로 확산되었고, 점차 간이제강법을 대체해 갔다.

대규모 철강업체의 차관 도입을 통한 설비 확충

중소규모 업체들이 압연 원료 확보를 위해 동분서주하고, 간이제강법 등을 이용하여 강괴를 생산하고 있는 가운데, 상업차관을 통해 선진국으로부터 최신 설비를 도입할 수 있었던 업체들은 해당 분야의 주력기업으로 성장하였다. 표 8에서 알 수 있는 것처럼, 연합철강과 일신산업이 상업차관을 통해 냉간압연공장을 건설하였으며, 한국철강과 조일제철도 상업차관으로 중후판압연시설을 도입하였다. 극동철강, 한창신철, 그리고 이천물산 역시 상업차관으로 압연 설비를 도입하였다.

선진국으로부터 최신 설비를 도입하게 되면 바로 국내 시장에서 독과점적 지위를 확보할 수 있는 상황이었기 때문에, 이러한 설비 도입을 둘러싼 기업 간 경쟁은 치열하게 전개되었다.

|표 8| 철강산업의 외자 도입 내역(1962~1971년)

(단위: 1,000달러)

연도	사업명	사업주	차관도입선	금액	비고
1965	냉간압연공장 건설	연합철강	豊田通商(株)(일)	4,484	압연
1966	중후강판공장 건설	한국철강	Jameric & Co.(홍콩)	3,500	압연
	냉간압연공장 확장	일신산업	A. Lisbona(영)	873	압연
	인천제철공장 내자 조달	인천제철	United Dev'l Inc.(영)	3,000	
	합금철공장 확장	한국전기야금	(일)	873	
	냉간압연공장 건설	일신산업	(영)	700	압연
	제철공장	인천제철	(서독)	12,322	
1967	중후판압연공장 건설	조일제철	東洋棉花(일)	22,000	압연
	냉간압연공장 건설	일신산업	Sumitomo Shoji N.Y. Inc.(미)	960	압연
	제강원료 도입	동국제강	(영)	3,000	압연
1968	철강압연시설 도입	극동철강	Nicolai Joffe Corp.(미)	2,000	압연
	전기로시설 및 고철 도입	삼성제강	(미)	1,500	
	압연시설 및 고철 도입	한창신철	(미)	1,156	압연
1969	강철압연 및 주물공장	이천물산	서상록(재일교포)	3,030	압연
	철판재압연용 코일 도입	연합철강	Marubeni Iida, Inc.	5,500	압연
	합금제조용 원자재 도입	삼척산업	Toyoeshima New York Inc.	840	
	제철공장예비품	인천제철	(서독)	324	
	제철공장 건설	인천제철	(영)	5,000	
	압연공장 확장	일신산업	(미)	5,500	압연
1970	선철공장 건설	인천제철	Demag-Lurg(서독)	1,600	
1971	핫코일 도입	연합철강	丸紅飯田(일)	5,000	압연
	핫코일 도입	일신산업	Mitsubisi International(미)	5,000	압연
차관 도입액 합계				88,162	
압연 부문 차관 도입액				62,703	

자료: 한국산업은행조사부(1971).

기업들의 적극적인 증설 경쟁에 힘입어, 한국의 철강산업은 1960년대 동안 설비 확장을 경험하였다. 표 9에 나타나 있는 것처럼, 압연 설비는 이 기간 동안 연산 57만 1,000톤에서 163만 톤으로 증가하였다. 1970년 현재 압연 부문의 총생산능력은 당시 국내 제강능력의 약 2배에 달하고 있었다. 공업화의 진전으로 각종 압연제품에 대한 수요가 증가함에 따라 이를 생산하는 공장의 설비가 확충되었음에 비해, 압연제품의 원료가 되는 강괴를 제조하는 제강 설비 등의 확충이 이에 미치지 못하였기 때문이었다.

압연 부문 중 조강류는 제강시설을 갖춘 인천제철, 동국제강, 극동철강, 그리고 한국철강에 의해 활발히 생산되고 있었지만, 압연 소재를 확보하지 못한 나머지 대다수 영세중소업체의 생산실적은 부진하였다(상공부·한국생산성본부 1969: 392). 판재류 설비의 경우, 열연박판은 한국철강과 인천중공업의 시설이 추가 확장 없이 유지되고 있었고, 냉연박판은 1967년에 준공된 연합철강과 일신산업의 계속된 시설 확장을 통해 1960년대 말 연산 21만 톤 수준의 생산 설비를 갖추게 되었다. 중후강판은 1967년

|표 9| 철강 부문별 생산능력 확장(1962~1970년)

(단위: 개, 1,000톤, 괄호 안은 업체별 생산능력)

		1962			1970		
		공장 수	생산능력	주요 업체	공장 수	생산능력	주요 업체
제선	제선	1	48	삼화제철(48)	3	203	인천제철(125), 삼화제철(48), 동국제강(30)
	합금철				3	19.9	삼척산업(10.2), 한국전기야금(8.2)
	소계	1	48		6	222.9	
제강	평로	3	68	인천중공업(50)	3	163	인천제철(140)
	전로	4	80	동국제강(20)	9	280	동국제강(105), 한국제강(45)
	전기로				5	410	동국제강(124), 한국철강(140), 극동제강(56), 시온철강(56), 부산제철소(34)
	소계	7	148		17	853	
압연	중형	2	110	인천중공업(100)	3	174	인천제철(100), 한국철강(64)
	소형	27	310	동국제강(60),	45	872	동국제강(231), 극동철강(80), 시온철강(58)
	열연박판	2	56	한국철강(36), 인천중공업(20)	2	56	한국철강(36), 인천중공업(20)
	냉연박판				2	210	연합철강(120), 일신산업(90)
	중후판				1	100	한국철강(100)
	특수강판	1	6	삼양특강	1	6	삼양특강
	강관	5	89	부산철관(?), 일신산업(?)	7	212	부산철관(46), 일신산업(93)
	소계	37	571		61	1,630	
주물	주철관	2	26	한국주철관(?)	6	60.8	한국주철관(32), 동아금속(22)
	주물	6	13	강원산업	10	88	?
	주강	230	130	?	252	200	?
	소계	238	169		268	348.8	

자료: 과학기술처(1972); 김윤형(1976); 포항종합제철주식회사(1989); 인천제철주식회사(1990).

준공된 한국철강의 압연기와 1963년 준공 이후 지속적으로 설비 확장을 이룩한 동국제강의 압연기에 의해 생산되고 있었다.

1960년대 당시 기업은 외자도입심의위원회•에서의 심의를 거친 후, 정부 또는 국유은행의 지불보증을 얻어야만 차관을 도입할 수 있었기 때문에, 최신 대규모 철강압연 설비의 도입은 정부의 통제 아래 있었다. 즉, 당시 정부는 중소규모 압연업체들의 신증설 활동에 대해서는 직접적 규제수단이 없었지만, 이들 대규모 업체의 설비 도입에 대해서는 직접적이고도 강력한 규제수단을 갖고 있었던 셈이다. 따라서 이러한 정부의 규제수단이 철강산업의 육성이라는 목적 달성을 위해 어떻게 사용되었는지 알아볼 필요가 있다.

외자 도입 심의: 외자 도입에 대한 정부의 심의는 1966년 '외자도입법 제정' 이전은 외자도입촉진위원회, 그리고 '외자도입법' 제정 이후는 외자도입심의위원회에서 담당하였다.

압연 설비 도입 경쟁

선진국으로부터 최신 설비를 도입함과 동시에 국내 시장에서 독과점적 지위를 확보할 수 있는 상황이었기 때문에, 이러한 설비 도입을 둘러싼 기업간 경쟁은 치열하게 전개되었다. 그렇지만 국민경

후판, 박판, 열연박판, 냉연박판

강판의 두께가 3mm를 넘으면 후판(厚板), 3mm 미만이면 박판(薄板)이라 한다. 박판은 다시 720℃ 이상의 고온에서로 가열하여 압연하는 열연박판과 상온에서 압연하는 냉연박판으로 구분된다. 냉연박판은 열연박판보다 고품질일 뿐만 아니라, 자동차, 전자제품, 가구 및 건축의 원료로 사용되었고, 다양한 도금용 원판으로도 사용되는 고급제품이었다. 그렇지만 1960년대 초반 국내에는 생산시설이 없어서, 전량을 수입에 의존하고 있었다.

제 전체를 염두에 두고 철강산업 발전의 방향을 제시하는 등의 산업정책적 접근은 아직 이루어지지 않고 있었다. 냉연박판 생산 설비 도입을 둘러싼 경쟁을 사례로 이를 살펴보자.

1964년 3월 27일 개최된 제44차 외자도입촉진위원회에서 연합철강공업주식회사가 제출하였던 "냉간압연박판공장 건설을 위한 차관 도입 신청건"이 안건으로 상정되어 심의하는 과정에서 위원들 사이의 이견이 노정되었다. 이의를 제기하였던 3명의 위원들은 우선 이 사업과 동일한 사업을 일신산업에서 지불보증도 필요하지 않으며 금액도 1/4 정도로서 가능하다고 하고 있으므로 그것과 신중히 비교검토한 후 상정할 것을 주장하였다.

이에 의장인 경제기획원 장관이, 연합철강을 적

격자로 선정한 지 장시일이 경과되었고, 상공부 장관의 발언과 같이 연합철강의 기술적 타당성이 인정되었으므로 본건을 승인해 주는 것이 좋겠다는 요지의 발언을 하였다. 이에 이들 3명의 위원들은 본건을 재검토한 후 차기 위원회에 상정할 것을 요구하였다. 이 과정에서 한 명의 위원이 퇴장하였고, 다른 한 위원은 본건에 대해 자기로서는 분명히 반대하였다는 것을 회의록에 명기해 달라고 요구하기도 하였다.

외자도입촉진위원회 위원들 사이에서조차 의견일치를 보지 못하였던 냉간압연박판공장의 건설 문제란 과연 무엇이었을까?

사건의 발단은 1962년 일신산업이 냉간압연 설비 도입 신청서를 상공부에 제출하는 것으로 거슬러 올라간다. 당시 아연도철판의 일부를 베트남 등지에 수출하는 등 호황을 구가하고 있었던 일신산업은 아연도철판 제조회사로서 원판인 냉간압연박판의 자체생산 필요성을 절감하여 당시로서는 정부의 지불보증이 필요한 상업차관이 아닌, 아연도철판으로 원리금을 상환하는 조건으로 서독으로부터 70만 달러 상당의 냉간압연시설재를 도입하는 무환

무환수입: 외화로 대금 결재를 하지 않고 이루어지는 수입을 말한다.

일신산업

일신산업은 1952년 8월 주창균이 설립한 신생금속공업사가 1960년 8월 상호를 변경한 회사였다. 1960년대 초 일신산업의 주요 생산품은 아연도철판(함석)이었다. 주창균은 일제시대 겸이포제철소에서 근무하던 기술자로서, 해방 이후 북한 지역에서 판재공장을 운영하다가 한국전쟁 이후 월남하여, 부산에서 거주하고 있었다. 처음에는 대한조선공사에 6개월간 근무하기도 하였으며, 이후 신생공업사를 설립하여 알루미늄 식기를 생산하였다. 1958년 부산에서 영등포 양평동으로 옮긴 다음 설비를 갖추고 생산을 시작한 아연도철판(함석판)은 "별표"라는 상표를 달고 출시되었다. 휴전 이후 전쟁으로 파괴된 건물을 복구하는 과정에서 지붕재의 재료로서, 그리고 일반용기 제작을 위한 재료로서 함석에 대한 수요는 컸다. 미군부대에서 파기한 통조림통 등을 오리고 편 다음 이를 연결하여 함석판을 제작하는 것이 일반적이었던 당시 상황에서, 일신산업은 일본으로부터 냉간압연박판을 수입하여 아연도철판을 생산함으로써 상대적으로 우수한 품질로 시장에서 많은 인기를 얻고 있었다.

이후 주창균은 1965년 176만 달러의 철강재를 수출함으로써 11월 30일 시민회관에서 개최된 제2회 수출의 날 기념식에서 국무총리 표창을 받기도 하였다.

수입(無換輸入)• 허가신청서를 1962년 상공부에 요청하였던 것이다.

그렇지만 이 시기 냉간압연강판 생산을 위한 설비의 도입을 계획하였던 업체가 일신산업만은 아니었다. 연합철강 역시 1962년 9월 일본으로부터 냉간압연 설비 도입을 목적으로 하는 상업차관 도입신청서를 제출하였고, 한국철강• 역시 비슷한 시기에 냉간박판공장의 건설을 위한 상업차관 도입

한국철강: 한국철강은 재일교포 신영술이 1957년 2월 서울 영등포에 설립하였다. 당시 외국으로부터 수입한 쉬트바(sheet bar)를 원료로 사용하여 열연박판을 제조하고 있었다.

쉬트바

제강로에서 만들어진 쇳물을 주형(ingot case)에 부어 응고시키면 강괴(steel ingot)가 생산되는데, 강괴 중에서 두께가 45mm 이하이고 한 변의 길이가 다른 변 길이의 2배 이상인 것을 쉬트바라고 부른다.

을 요청하고 있었다. 그렇지만 한국철강이 제출한 사업계획신청서는 1963년 6월 경제기획원으로부터 외자 도입 대상 사업으로는 부적격하다는 판정을 받게 된다.

냉연박판 생산 설비 도입 노력이 실패로 돌아가자, 한국철강은 대대적인 반대 공세를 취하기 시작하였다. 경쟁업체에 의해 품질이 우수한 냉연박판이 생산된다면, 열연박판 생산업체로서의 존립 기반이 위태로워질 것으로 판단하였기 때문이었다. 기존 열연시설의 보호를 명분으로 내세우면서 냉연시설의 신규 도입에 반대하였던 것이다. 또 한국철강은 만약 정부가 냉간압연 설비 도입을 허가해 준다면 국내 박판시장에서 과잉 공급이 예상되며, 국내에서 생산되지 않는 핫코일을 수입하여 원료로 사용해야 하는 냉간압연 설비 도입은 막대한 외화 지출이 수반된다고 주장하였다. 그렇지만 이러한 주장은 근거가 희박하였다. 예를 들어, 1966년 기준 핫코일의 국제 시세는 톤당 약 90달러였고, 아연도판 생산 과정에서 필요한 부자재(아연 에멀전오일 등)가 톤당 약 40달러였다. 반면 이들을 원료로 이용하여 냉간압연 설비로 제조된 아연도판의 국제 시세는 톤당 약 270달러 수준이었다. 결국 아연도판을 직접 수입하는 대신에 냉간압연 설비를 이용하여 국내에서 생산함으로써 얻을 수 있는 수입대체효과는 상당한 수준이었음을 알 수 있다.

반면 연합철강은 일신산업의 냉간압연시설재 도입 신청이 먼저 허가되지 않도록 노력을 기울였다. 결국 상공부는 정부의 지불보증도 필요 없는 일신산업의 사업에 대해서 수요 검토가 필요하다는 이유로 승인을 보류하였다. 정부의 이러한 결정은 연합철강의 사업계획을 일신산업의 사업계획과 동시에 검토해 달라는 연합철강의 압력이 크게 작용하였기 때문이었다.

구식의 열간압연 설비를 보유하고 있는 기존 업자가 신식의 냉간압연 설비를 도입하려는 신규 업체의 시장 진입을 저지하기 위해 총력을 기울이고, 신식 설비 도입업자들 사이에서도 시장 진입 시기

연합철강의 냉간압연기(1967년 설치)
자료: 동국제강 홍보부.

를 둘러싼 경쟁이 가열되고 있는 가운데, 설비 도입이 1년 반 이상이나 지체되고 있었던 것이다. 이날 외자도입촉진위원회는 압연 설비의 도입을 둘러싸고 그동안 전개되었던 국내 압연업계의 논란에 대해, 냉간압연 설비 도입을 허가하는 것으로, 거기에다가 연합철강의 도입 신청을 먼저 허락하는 것으로 결론지었던 것이다.

외자도입촉진위원회에서 통과된 연합철강의 차

관 도입 계약은 1964년 6월 경제기획원 장관의 허가를 받게 되었고, 일신산업의 냉간압연 설비는 1965년 1월에 상공부의 수입 허가를 받게 된다.

그렇지만 한국철강은 포기하지 않았다. 자기자금으로 설비를 도입하는 일신산업에 대해서는 추가적인 대응이 어려웠지만, 연합철강은 국회에서의 정부 지불보증 동의안 통과를 남겨 두고 있었으므로, 국회의원들에게 냉간압연시설의 도입에 반대해 줄 것을 요청하였던 것이다. 국회로 넘어간 정부 지불보증 동의안은 많은 논란을 야기하면서 쉽사리 결정을 보지 못하고 있었다. 결국 연합철강의 자본재 도입을 위한 상업차관에 대한 정부 지불보증안이 1965년 5월 7일 심야에 공화당 의원들만 참석한 가운데 국회재경위를 통과하였다.

냉간압연 설비 도입에 반대하였던 한국철강 주장의 근거 중 하나였으며, 정부가 일신산업의 사업 승인을 보류하는 근거였던 박판의 수요는 당시 어떻게 예측되고 있었을까? 앞서 살펴본 1964년의 '철강공업육성종합계획'에 따르면, 박강판의 국내 수요량은 1963년 6만 1,000톤이었고, 1970년에 9만 톤 그리고 1975년에 14만 톤으로 증가할 것으로 예상되었다. 1963년 당시 국내에서 열연박판을 생산하고 있었던 한국철강과 인천중공업 양사의 생산능력이 5만 6,000톤에 불과하였으므로 당해 연도의 국내 수요에도 못 미치고 있었다. 이 수요 추계에 비추어 본다면, 국내 설비의 확충은 당시 시급한 과제였다고 볼 수 있다. 따라서 국내 박판시장에서의 과잉 공급을 염려하여 냉간압연 설비 도입에 반대하였던 한국철강의 주장은 설득력이 없는 것이었다.

그뿐만 아니라 정부 지불보증이 필요하지 않았던 일신산업의 냉간압연 설비 도입 신청에 대해 수요 검토가 필요하다는 이유로 승인을 보류하였던 당시 정부의 대응 역시 정당화되기 어렵다.

더욱이 '철강공업육성종합계획'은 철강산업 육성과 관련한 공정 채택 문제에 있어서 "압연 부문에 있어서도 가장 원가가 절감하고 기술적으로 가능한 공정을 채택한다"고 하여, 경제적 효율성을 최우선으로 고려해야 함을 강조한 바 있었다. 과연 냉간압연 설비 도입 과정에서 이러한 경제적 효율성에 대한 고려가 이루어졌을까?

일신산업이 1966년 제출한 자본재 도입 계약 허

가 신청서에 따르면, 연리 6% 이자율로 5년 상환조건으로 70만 달러의 외자를 도입하고, 약 2억 5,000만 원의 내자를 투입하여 연산 5만 톤 규모의 냉간박판 생산 설비를 도입하는 것으로 되어 있었다. 더구나 일신산업에 따르면, 도입외자 상환조건은 원리금 전액을 자사에서 생산한 아연도철판 및 각종 강관으로 상환한다는 것이었다. 신용조사 결과 소요 내자는 사내 보유 자금과 1966년 중의 수익예상액만으로 충분히 조달할 수 있을 것으로 예상되었다. 그뿐만 아니라 일신산업은 냉간압연 설비 건설에 필요한 35만 달러 상당의 부대시설재를 자체 자금을 이용한 일반수입 형식으로 이미 발주해 놓은 상태였다.

반면 연합철강이 도입하고자 하였던 냉연박판 생산 설비는 연산 6만 톤 규모로, 소요금액은 차관 약 420만 달러와 내자 약 1억 4,000만 원에 달하였다. 동일한 냉연박판을 생산하는 일신산업에 비해 생산능력이 연산 1만 톤 더 증가하였지만, 외자(정부의 지불보증이 필요한 상업차관)는 약 4배 정도 더 소요되는 것이었다.

결국 당시 정부는 철강산업 전체 발전의 구체적

인 비전과 목표를 제시하고 이를 집행할 수 있는 제도적 틀을 갖추지 않은 상태에서, 설비 도입과 관련하여 강력한 이해를 갖는 일부 기업의 요구에 직면하였던 것이다. 아직 정부는 압연 부문에 국한해 보더라도 기획 및 조정 기능을 효과적으로 수행하지 못하고 있었다.

3

포항종합제철(주)의 설립과 종합제철소의 건설

포항종합제철(주)의 설립

대한국제제철차관단(KISA)을 통한 종합제철사업의 추진과 좌절

대일 청구권 자금을 이용한 종합제철소 건설

철강공업육성법의 제정과 철강산업에 대한 정부 지원

포항종합제철 건설 과정에서의 정부 지원과 포항종합제철의 성장

포항종합제철의 성공 요인

포항종합제철(주)의 설립

종합제철소를 건설하려는 정부의 계속된 노력은 일단 1966년 12월 10일 대한국제제철차관단(Korea International Steel Associates: KISA, 이하 KISA)의 구성으로 결실을 맺게 된다.

KISA는 초기에는 미국의 코퍼스, 블로-녹스, 웨스팅하우스, 서독의 데마그, 지멘스, 영국의 웰먼, 이탈리아의 임피안티로 구성되었으며, 1967년 8월에는 프랑스의 엥시드가 추가되었다.

정부는 KISA와 제철소의 규모와 건설비용, 차관 제공의 주체 등과 관련된 협상을 진행하면서, 종합제철소의 입지와 실수요자를 선정하는 작업도 병행하였다. 종합제철소의 입지로는 1967년 7월 7일 월간경제동향보고회의에서 포항으로 결정되었고, 실수요자 후보로는 1967년 9월 1일 정부-여당 연석회의에서 박태준이 사장으로 있던 대한중석으로 결정되었다.

대한중석의 내부 조직만으로는 종합제철사업을 추진하기 어렵다는 인식 아래, 1967년 11월 8일 이를 전담할 추진기구인 '종합제철건설사업추진위원회'를 발족하였다. 이후 신설될 회사의 형태 등에 관련된 논의를 진행하였으며, 최종적으로는 상법상의 주식회사로 결정하였고, 1968년 4월 1일 포항종합제철주식회사가 발족되었다.

대한국제제철차관단(KISA)을 통한 종합제철사업의 추진과 좌절

KISA와의 계약은 예비 협정을 거쳐 기본 협정을 체결하고 이후 추가 협정의 단계가 설정되는 등 3단계에 걸쳐 이루어졌다. 1967년 4월 6일 KISA의 포이 회장과 장기영 부총리가 예비협정서에 서명하였고, 1967년 10월 20일에는 KISA의 샌드바흐 부사장과 박충훈 부총리가 기본 협정에 서명하게 된다.

기본 협정 체결 이후 정부는 1967년 11월 8일 경제기획원 장관 자문기관인 종합제철사업추진위원회•를 구성하였고, 1968년 2월 2일에는 KISA와 체결한 기본 협정의 문제점을 검토하고 추가 협정에 대비하기 위하여 일본철강자문용역단(Japan Consulting Group: JCG)•과 자문용역계약을 체결하고, 미국의 바텔기념연구소(Battelle Memorial Institute)

종합제철사업추진위원회: 박태준 위원장을 포함한 대한중석 임원 3명, 차관보급 공무원 6명, 전문가 3명, 총 12명의 위원으로 구성되었고, 당시 전문가는 윤동석 서울대 교수, 최형섭 한국과학기술연구소장, 그리고 이홍종 조선공사 이사였다.

일본철강자문용역단: 일본의 철강 3사인 후지제철, 야와타제철, 일본강관의 연합체였다.

와도 자문용역계약을 체결하였다.

그렇지만 60만 톤 규모의 종합제철소 건설을 핵심 내용으로 하는 일반기술계획서(General Engineering Plan: GEP)에 대한 협상이 마무리되어 가고, 포항에서는 부지조성 공사가 본격적으로 전개되고 있던 1968년 11월 세계은행(World Bank)이 발간한 "한국경제 동향보고서"에서 종합제철사업의 경제적 타당성에 의문을 제기하자, 미국의 수출입은행이 이를 근거로 한국의 차관예비신청에 대해 거부 의사를 밝히게 된다. 이후 세계 각국의 정부와 금융기관과의 접촉을 통한 한국 정부의 차관 도입 시도는 무산되었고, 1969년 9월 2일 기본 협정의 시효가 만료됨에 따라 KISA와의 협력에 기초한 60만 톤 규모의 종합제철소 건설계획은 공식적으로 폐기되었다.

대일 청구권 자금을 이용한 종합제철소 건설

1969년 4월 개최된 대한국제경제협의체(International Economic Consultive Organization for Korea: IECOK) 제3차 총회 직후 한국 정부의 교섭팀은 차관 도입을 위해 서독 및 미국 그리고 일본을 방문하게 되는데, 이때 일본 방문 이후부터 정부 내에서는 대일 청구권 자금을 전용하여 종합제철소를 건설하는 방안이 모색되기 시작하였다.

특히 박 대통령은 1969년 6월 7일 '종합제철건설기획실무전담반•' 설치를 지시하게 된다.

종합제철건설기획실무전담반: 경제기획원이 총괄하였고, 실질적인 업무는 KIST와 포항제철이 담당하였다. 이 조직에는 KIST의 김재관, 김철우, 이봉진, 윤여경, 포항제철의 노중렬, 김학기, 최주선, 조용선, 유석기, 백덕현이 참여하였다.

'종합제철건설기획실무전담반'은 종합제철사업의 경제성을 검토하고, 공장시설, 생산공정, 생산기술에 관련된 계획을 수립하여, 새로운 종합제철소 건설계획을 1969년 7월 22일 완성하게 된다. KISA의 안과 달리 이 계획은 종합제철소의 규모를 103만 2,000톤으로 확장함으로써 톤당 투자비용을 낮추었으며, 500만 톤 이상의 규모로 확장을 염두에 둔 공장 배치를 제안하였다. 또 설비도 생산성을 제고할 수 있는 제선 부문의 새로운 방법을 제시하였을 뿐만 아니라 제강 부문에서도 건설비가 저렴한 LD전로(轉爐)•, 그리고 주조 및 압연 공정에서도 생산성이 뛰어난 연속 주조 및 연속 압연 방식을 제안하였다.

LD전로: 1954년 오스트리아의 린츠(Linz) 제철소와 도나비츠(Donawitz) 제철소에서 도입한 제강 설비이다. 노(爐) 속에 쇳물과 소량의 고철 그리고 석회를 넣은 다음, 노의 위에서 수직으로 산소를 고압으로 분사하여 탄소와 불순물을 제거하고, 강철을 만든다. 두 공장의 머리글자를 따서 LD전로라고 부른다. 전로에서의 전은 '바꿀 전'(轉)이다. 즉, 선철을 강철로 바꾸는 노라는 뜻이다.

이처럼 새로운 건설계획을 한국 정부 스스로가 수립할 수 있었던 것은 KISA와의 장기간의 협상 과정을 통해 노하우를 축적하고 다양한 자문기관으로부터 다양한 의견서와 보고서를 광범위하게 수집할 수 있었을 뿐만 아니라, KIST 및 포항제철의 철강 전문가를 활용할 수 있었기 때문이었다.

1969년 8월에 개최된 제3차 한일각료회담에서 일본 정부가 조사단을 파견하여 한국의 종합제철사업의 타당성이 인정될 경우 이를 적극적으로 지원하겠다는 내용의 공동성명서가 발표되었다. 1969년 9월 17일과 22일에 각각 6명과 7명씩이 조사단으로 구성되어 일본에서 한국으로 파견되었고, 10월과 11월에는 세계은행의 조사단이 2차례 파견되었다. 일본조사단과 세계은행조사단이 종합제철사업의 타당성을 인정하게 됨에 따라 한국과 일본 정부는 자금 조달 및 설비 문제를 구체적으로 협의하기에 이르게 된다. 결국 1969년 12월 3일 김학렬 부총리와 가네야마(金山政英) 주한 일본 대사는 대일 청구권 자금 7,370만 달러(유상 4,290만 달러, 무상 3,080만 달러)를 3년에 걸쳐 공여하면서 5,000만 달러의 상업차관을 제공하는 것을 내용으로 하는 전체 건설비용 외자 1억 2,380만 달러, 내자 230억 원(약 7,690만 달러) 규모의 '포항종합제철건설에 관한 한일 간 합의서'를 서명하게 된다.

철강공업육성법의 제정과 철강산업에 대한 정부 지원

일찍부터 철강업자들은 철강산업의 육성을 위한 입법이 필요하다고 주장하고 있었다. 이들은 이미 1964년에 철강공업 육성 관련 법안을 작성하여 정부에 제안한 상태였다. 1967년 12월 18일자 『매일경제신문』 제1면에는 "철강업자들은 정부가 철강공업을 기간산업이라고 항상 육성, 육성 하면서도 육성법 하나 만들어 주지 않아 스스로 육성법안을 만들어 요청하였으나 3년이 지난 오늘에도 장차관은 이를 보지도 못한 채 망각지대에 방치되어 있다고 하소연"하고 있다는 기사가 실리기도 하였다.

그렇지만 국회에서의 최초의 철강산업 육성 관련 입법 시도는 그 다음 해 그것도 의원 발의를 통해 이루어졌다. 1968년 11월 공화당 소속 송한철 의원 외 23인이 제안한 '철강공업진흥법안'(이하 '진흥법안')이 그것이었다. 송한철에 따르면, 이 법은 이미 "기계공업진흥법, 조선공업진흥법, 전자공업진흥법 등이 제정 공포"된 상태에서, "철강공업 진흥을 위한 정책 수립의 법적 기반"을 마련하기 위한 것이었다. 구체적으로 "제철, 제강, 압연을 일관 공정으로 하는 철강공업의 합리적 육성을 목적"으로 한다는 점을 내세우면서, 당시 정부가 추진하고 있었던 60만 톤 규모의 종합제철공장 건설을 지원하기 위한 것이라는 점을 명확히 하였다. 이 법안에서는 우선 철강산업 종사자로 하여금 시설을 등록하도록 하고, 정부는 시설개체 및 보완을 지시할 수 있도록 하였다. 그뿐만 아니라 정부는 생산 수출입 판매 및 가격 등도 지시할 수 있도록 함으로써, 철강산업에 대한 정부의 통제를 강화하고자 하였다. 한편, 투자에 대한 세액공제 및 조세 감면, 장기저리의 육성 자금 조성, 그리고 감가상각에 대한 특례 등을 통한 지원의 근거를 마련하고자 하였다. 또 상공부 내에 철강공업심의회를 설치하도록 하였다.

그렇지만 이 법안의 발의 이후 입법 과정은 더 이상 진행되지 않았다. 법 제정을 위한 새로운 계기는 정부 측으로부터 나왔다. 1969년 6월 10일 박정희 대통령은 철강공업은 국가기간산업이므로 철강공업육성법을 만들어 적극 육성하라는 지시를 내리게 된다. 이에 상공부는 8월 4일 전문 16조로 된 '철강공업육성법(안)'(이하 '육성법안')을 발표하였고, 이

법안은 9월 경제장관회의를 통과하게 된다.

송한철 의원 발의 이후 입법화가 지지부진하였다가 다시 정부 측으로부터 새로운 안이 마련된 과정은 당시 정부가 추진하고 있었던 종합제철사업의 진행 과정과 관련이 있었다. 앞에서 살펴본 바와 같이 KISA와의 협력에 기초해서 추진하던 종합제철소 건설이 무산되고, 대일 청구권 자금을 전용하여 종합제철소를 건설하는 방안이 모색되는 과정에서 1969년 6월 7일 '종합제철건설기획실무전담반'이 설치된 지 3일 후인 6월 10일 박정희 대통령으로부터 법 제정에 관한 지시가 내려왔던 것이다.

1969년 8월 제3차 한일각료회담에서의 공동성명서가 발표 이후 9월 11일 경제장관회의에 상정된 '육성법안'은 11월 21일에 국무회의의 의결을 얻게 된다. 이후 일본조사단과 세계은행조사단이 이 사업의 타당성을 인정함에 따라, 12월 3일에 '포항종합제철 건설에 관한 한일 간 합의서'의 서명이 이루어졌다.

1969년 12월 17일 개최된 국회 상공위원회 회의에서는 1968년 송한철 의원 등이 제안했던 '진흥법안'과 경제장관회의를 통과한 '육성법안'의 병합심

의가 이루어졌다.

두 법안의 가장 중요한 차이점은 법의 적용 대상에 있었다. 상공위원회 간사의 보고에 따르면, '진흥법안'에서 "철강공업을 제철 제강 압연 일관공장으로 하"여 "일관공장을 위주로 해서 육성"(대한민국국회사무처 1969: 3)하도록 한 데 비해서, '육성법안'에서는 적용 범주를 확대하여 철강공업자 전체가 포괄될 수 있도록 하였다. 물론 '육성법안'에서는 이들 철강공업자의 최소 설비 규모를 규정함으로써, 일정 규모 이상의 설비를 보유한 업체만이 이 법의 지원 대상이 되도록 하였다.

또 두 법안은 정부의 지원 방안에서도 차이가 났다. '진흥법안'은 조세 감면, 자금 조성, 감가상각의 3가지를 제시한 반면, '육성법안'은 이 외에도 토지 수용, 공공요금 할인, 그리고 장기저리차관·원료·기자재의 우선 공급 등과 같은 행정 지원 등을 추가로 제시하였다. 그렇지만 '육성 방안'에서의 정부 지원은 정부가 자본금의 반 이상을 출자한 회사 및 일관공장에는 이들 지원 모두가 이루어지지만, 그 외의 기타 철강업자에게는 조세 감면, 자금 조성, 그리고 공공요금 할인만 이루어지도록 차별하고 있었다. 그런데 당시 정부가 자본금의 반 이상을 출자한 회사 및 일관공장은 포항종합제철(주)뿐이었으므로, 육성 방안에서 제시된 정부 지원 모두가 이루어지는 대상은 바로 포항종합제철(주)이었다.

그리고 부칙에서 이 법이 시행일로부터 20년간 유효하다고 규정함으로써, 지원 기간이 한시적임을 명확히 하고 있었다. 이후 공포된 철강공업육성법에서는 20년 시한이 10년 시한으로 변경되었다.

이날 상공위원회에서 의원들의 질의에 대해 보충답변에 나섰던 상공부의 오원철 기획관리실장은 "종합제철만 지원한다고 하면 제철 부문은 경쟁이 없으니까 좋겠습니다마는 압연공장 등 중소기업이나 기존 업자의 전기로공장은 전혀 혜택을 못 받게 됩니다. 우리 상공부로서는 철강공업 육성이라는 면에서 기존 업자라고 해서 안 봐주고 새로 만든다고 해서 봐준다면 너무 편파적이 아니겠느냐"라고 말한 다음, "상공부의 고충도 이해하실 수 있지 않을까"라면서, '육성법안'에 기타 철강업자를 지원의 대상으로 포함시킬 수밖에 없었던 이유를 설명하였다.

그렇지만 "이 법만 가지고 … 포항제철이 … 기

대하는 회사가 되겠느냐"라는 오학진 의원의 질의에 대해서는, 오원철은 "상공부로서는 이 법만 통과시켜 주시면 포항종합제철은 완전히 살 수 있습니다"라고 답하였다.

'육성법안'에서의 정부 지원이 비록 기타 철강업자도 대상으로 하고 있지만, '육성법안'의 주된 대상이 포항종합제철(주)라는 사실을 알 수 있게 해주는 대목이다.

정부는 이러한 지원의 대가로 철강업자에게 필요한 보고를 명하고, 철강업자의 사무소나 영업소 등을 조사하고 장부나 서류 등을 조사할 수 있도록 하였다. 특히 정부가 자본금의 반 이상을 출자한 회사 및 일관공장의 경우에는 생산, 공급, 가격, 그리고 시설 확장 및 개보수 등에 관한 지시도 할 수 있도록 하였다.

300여 개에 달할 것으로 추정되는 전체 철강업체 중에서 일부 업체만을 지원의 대상으로 삼고, 다시 그중에서도 포항종합제철(주)와 기타 철강업체를 구분하여 지원하는 '육성법안'은 일부 수정을 거쳐 12월 20일 국회를 통과하였고, 1970년 1월 1일 '철강공업육성법'은 법률 제2,181호로 공포되었다.

따라서 이 법 공포 직후 기존의 철강업체들이 특정업체만을 육성하는 법이라고 항의하였고, 전면적 폐지 혹은 대폭적 보완을 요구하기도 하였던 것이다.

그리고 철강공업육성법으로 인해 정부가 철강업자에게 보고를 명하거나 조사할 수 있는 근거가 마련되었으므로, 다른 한편으로는 철강산업 전반에 대한 국가 통제가 더욱 강화되었다는 의미를 갖는다.

한편, 철강공업육성법 제정의 직접적 배경을 일본 측의 요구에서 찾는 견해도 있다(류상영 1995). 일본조사단이 특별사업법을 제정하여 일관 종합제철소에 대한 5~10년의 장기 지원 혹은 특혜를 부여할 필요가 있다고 건의하였기 때문이라는 것이다. 물론 일본 측의 조언이 철강공업육성법 제정에서 일정한 역할을 하였을 것이라는 점을 부인할 수는 없겠지만, 1960년대 한국 정부가 서해안 종합제철소(인천제철) 건설과 같은 시행착오 과정에서의 학습 내용 역시 철강공업육성법 속에 어느 정도 반영되어 있었을 것이다.

이 시기 철강산업에 대한 정부의 지원은 철강공업육성법상의 지원에만 그치지 않았다. 정부는 각종 세제상의 감면 혜택 등을 통해 철강산업, 특히 포항종합제철을 지원하였다.

우선 조세감면규제법에 의한 지원을 들 수 있다. 조세감면규제법 제4조 제8항(중요산업에 대한 조세특례)에 따르면, 철강공업육성법에 의해 지정을 받은 자는 사업개시 후 3년 동안 법인세 또는 소득세 전액을, 그리고 이후 2년 동안은 그 반을 경감받을 수 있었다. 또 투자액에 대해서는 특별감가상각의 혜택도 받을 수 있도록 규정되어 있었다. 특히 포항종합제철에 대해서는 법인세의 전액 면제라는 혜택을 주고 있었다(제4조 제1항). 예를 들어, 1977년도 포항종합제철의 법인세 감면액은 약 60억 원 이상에 달해, 그해 포항종합제철이 받은 지원책 중에서 가장 큰 몫을 차지하고 있었다.

다음으로 관세 감면 혜택을 지적할 수 있다. 관세법 제28조 제1항에 따라 중요 산업은 관세 감면 혜택을 받을 수 있도록 규정되어 있었는데, 연산 10만 톤 이상의 일관 공정을 가진 철강업체에 한하여, 신설, 증설 및 개체를 위한 시설재 도입 시 관세액의 100분의 80을 경감받을 수 있도록 하였다. 즉, 법의 적용 대상을 일관 종합제철소에 국한하는 것으로, 당시 이에 해당되는 업체는 포항종합제철뿐이었던 것이다. 그러다가 1978년 8월의 재무부령 개정으로 인해, 일관 종합제철소뿐만 아니라, 압연시설을 갖춘 연산 20만 톤 이상의 철강업체로 관세 감면 혜택의 적용 범위가 확대되었다(남종현 1979: 78).

이 시기 중화학공업은 1973년 12월에 공포된 국민투자기금법에 의해서 설비 및 운영 자금에 대한 장기저리의 융자 혜택을 받을 수 있었다. 국민투자기금은 중화학공업의 건설 등에 필요한 투융자 자금을 조달 공급하기 위해 설치되었다(법 제1조). 기금은 국민투자채권의 발행을 통해 재원을 충당하도록 되어 있었으나, 당시 금융기관들은 저축성 예금의 일정 비율(증가분의 15%씩)을 반강제적으로 각출하는 식으로 이 채권을 소화하였다. 이렇게 조성된 국민투자기금은 연리 7.5%의 이자율로 금융기관에 최장 8년의 기간 동안 대하되었고, 금융기관은 이 자금을 중화학공업 부문의 업체들에게 연리 9%의 이자율로 최장 8년간 융자하였다. 특히 국회의 심의와 의결을 거쳐야 하는 예산 내의 재정 활동과 달리 재량권의 여지가 매우 큰 기금운용상의 특성으로 인해 융자 대상업체, 융자 규모, 그리고 융자조건 등의 결정이 정책당국에 의해 자의적으로 이루어질 가능성이 컸다(김견 1988: 144).

1974~1981년 기간 동안 조성된 국민투자기금 2조 3,149억 원 중에서 67.9%에 달하는 1조 5,715억 원이 중화학공업 지원에 사용되었다(김견 1988: 143). 1977년 철강공업에 대한 지원액은, 남종현(1979: 79)의 계산에 따르면, 중화학공업 전체에 대한 국민투자기금 지원액 1,524억 원의 8.5%에 해당하는 130억 원이었다.

포항종합제철 건설 과정에서의 정부 지원과 포항종합제철의 성장

포항종합제철 건설을 위해서는 막대한 자금의 투자가 필요하였다. 건설 관련 투자는 공장의 설비투자, 공업단지 조성 관련 투자, 그리고 지원시설에 대한 투자로 구분될 수 있는데, 이러한 건설 관련 투자에서도 막대한 정부의 지원이 이루어졌다.

우선 공장의 설비투자를 살펴보자. 철강산업, 특히 포항종합제철의 설비에 대한 투자는 중화학

|표 10| 포항종합제철 건설 자금 조달 내역

(단위: 억 원)

	재정출자	국내 차입	이익 및 충당금	외국 차관	계
제1기(1970~1973년)	400	93	0.06	711	1,204
제2기(1973~1976년)	86	173	707	1,688	2,654
제3기(1976~1978년)	1,090	489	1,417	3,716	6,712
제4기(1979~1981년)	670	1,868	1,817	4,266	8,621
제4기 2차(1981~1983년)	–	342	1,378	860	2,580
계	2,246	2,965	5,319	11,241	21,771

자료: 송성수(2002: 118).

공업 중에서도 가장 중점적인 투자가 이루어진 부분이었다. 1970년 시작된 제1기 공장 건설에서부터 제4기 2차 공사가 완료된 1983년까지 총 2조 1,771억 원의 자금이 사용되었다. 표 10에서와 같이 이 자금 중에서 외국 차관이 1조 1,241억 원으로 51.6%를 차지하였고, 정부의 재정출자액도 2,246억 원으로 전체 자금의 10.3%에 달하였다. 전체 자금의 13.6%에 달하는 2,965억 원의 국내 차입금은 정책자금으로서 여타 부문에 비해 훨씬 낮은 수준의 이자율로 조달되었다.

이 시기 중화학공업 육성 과정에서 나타난 주요한 특징 중의 하나는 바로 산업단지의 조성이었다. 표 11에서와 같이, 중화학공업단지(공업기지) 조

|표 11| **공업기지별 투자액**

(단위: 100만 원, %)

공업기지	투자액			
	국민투자기금	자체	계	자체 비율
창원	47,880	35,561	83,441	42.6
여천	12,710	8,048	20,758	38.8
온산	7,386	5,402	12,788	42.2
구미	13,860	9,504	23,364	40.7
포항	500	14,031	14,531	96.6
계	82,336	72,546	154,882	46.8

자료: 김광모(1988: 325).

성을 위한 투자는 총 1,549억 원이었다. 창원기지 조성에 총투자액의 53.9%에 해당하는 834억 원이 투입되었으며, 그 밖에 여천기지 조성에 208억 원, 온산기지 조성에 128억 원, 구미기지 조성에 234억 원, 그리고 포항기지 조성에 145억 원이 각각 사용되었다. 기지 조성을 위하여는 국민투자기금에서 823억 원이 조달되었으며, 자체부담은 46.8%인 725억 원이었다. 이 기지 조성을 위하여 조달된 국민투자기금은 입주업체가 2년 거치, 5년 균등 상환하는 유리한 제도였다(김광모 1988: 324~325).

조성된 공업기지에서의 항만, 용수, 철도, 도로와 같은 사회간접자본의 건설 과정에서도 포항종합

|표 12| **포항종합제철에 대한 정부 지원금액**

구분		지원금액(억 원)	기간
정부 지원 사업	항만	1,608	1969~1991년
	용수	225	1968~1971년, 1974~1981년
	철도	7	1968~1970년
	도로	66	1968~1981년, 1984년
	소계	1,906	
조세 감면	국세	883	1971~1981년
	지방세	346	1971~1989년
관세 감면		1,709	1971~1983년
공공 요금 할인	전기료	5	1973~1975년
	용수료	4	1973~1979년
	항만사용료	56	1973~1986년
	철도료	13	1982~1983년

자료: 송성수(2002: 119).

제철은 막대한 지원을 받았다. 표 12에 나타난 바와 같이, 1969~1991년 기간 동안 포항종합제철의 항만, 용수, 철도, 도로의 건설 과정에서 정부로부터 지원받은 금액은 1,906억 원에 달하였다.

포항종합제철의 설립에 따라 한국의 철강산업은 비로소 성장의 발판을 마련하게 되었다. 우선 철강재 생산의 급속한 증가가 이루어질 수 있었다. 1970년대 초까지만 해도 철강재의 수입이 수출을

|표 13| **철강재 수급 추이**

(단위: 1,000톤, %)

연도	총수요		총공급		수출-수입	수출 비율 (수출/생산)	수입의존도 (수입/내수)
	내수	수출	생산	수입			
1962	262	3	142	123	-120	2.1	46.9
1966	488	32	334	186	-154	9.6	38.1
1971	1,570	201	1,461	310	-109	13.8	19.7
1973	2,431	917	2,829	463	454	32.4	19.0
1975	2,521	1,014	2,937	651	363	34.5	25.8
1977	5,168	1,363	5,393	1,120	243	25.3	21.7
1979	6,852	3,379	8,038	2,817	562	42.0	41.1
1981	6,880	5,618	10,244	2,152	3,466	54.8	31.3
1983	8,248	6,319	12,557	2,180	4,139	50.3	26.4
1985	11,239	5,239	13,931	2,547	2,692	37.6	22.7
1987	14,637	5,743	17,507	2,873	2,870	32.8	19.6
1989	15,355	6,262	18,887	2,730	3,532	33.2	17.8

자료: 한국산업은행 조사부(1971; 1976; 1984).

항상 초과하고 있었지만, 1973년 6월 공장 준공 이후부터는 철강재의 수출이 수입을 초과하는 상태로 상황이 바뀌었다. 표 13에서와 같이, 철강재의 수출 초과분은 1973년 454톤에서 1981년 3,466톤으로 늘어났고, 수출 비율 역시 1981년 54.8%로 급증하였다. 이에 따라 수입의존도 역시 1960년대 초 50% 수준에 달하였지만, 1980년대 초반 이후가 되

완공된 포항제철 제1고로 전경(1973년 6월)
자료: 포스코 역사박물관(2010: 57).

쇳물을 쏟아내는 포항제철 제1고로(1973년 6월 9일)
자료: 포스코 역사박물관(2010: 60).

첫 출선 순간에 만세를 부르는 박태준 사장과 임직원들(1973년 6월 9일)
자료: 포스코 역사박물관(2010: 61).

면 40% 미만으로 하락하게 된다.

철강재 생산 증가는 포항종합제철의 지속적 증설에 힘입은 것이었다. 포항종합제철은 제1기 및 제2기 건설사업을 통해 연산 260만 톤으로 확장되었다.

한편, 제2기 건설사업이 진행되고 있던 1974년 3월 포항종합제철은 이후의 건설계획을 수립하게 된다. 포항종합제철의 최종 조강 연산 규모를 1,000

포항제철 제2고로 전경
자료: 공보처 홍보국(1976).

만 톤까지 확장한다는 전제하에 향후 1단계 550만 톤, 2단계 850만 톤 규모로 나누어 1981년 6월까지 완공한다는 것이 계획의 주요 내용이었다.

그렇지만 석유파동으로 인해 사업계획의 보완은 불가피하였다. 1976년 6월 수립된 수정 사업계획에 따르면, 550만 톤 규모로의 확장은 제3기 사업으로, 850만 톤 규모로의 확장은 제4기 사업으로 구분하였다.

제3기 설비공사가 진행되고 있던 1978년부터 포항종합제철은 제4기 2차 사업을 추진하였다. 국내 철강재 수요 증가에 대응할 뿐만 아니라, 에너지 절감, 최신 기술 도입, 그리고 기존 설비의 효율 제고 등을 통한 국제 경쟁력 확보가 필요하였기 때문이었다. 제4기 2차 사업의 주요 내용은 고로 등의 주요 설비를 증설하지 않고, 제2고로의 개수 작업을 통해 내용적을 확대함으로써 조강 능력을 850만 톤에서 910만 톤 규모로 확장하는 것이었다. 이 과정에서 조업 효율을 높이기 위한 각종 장치 및 센서 등이 도입되었고, 이를 통해 설비의 신예화가 이루어졌다.

실제 표 14에서와 같이, 1970년 착공하였던 제1기 건설사업부터 1983년 완공된 제4기 2차 건설사업에 이르는 일련의 건설사업을 통하여, 연산 910만 톤의 조강 생산능력을 갖추게 되었고, 이 과정에서 제선·제강·압연 등 주요 설비의 사양과 성능은 지속적으로 향상될 수 있었다. 이와 함께 국산 설비의 도입을 늘리기 위한 노력도 지속되었다. 그 결과 표 14에서와 같이, 제1기에 12.5%였던 설비 국산화율이 제4기 때는 35.1%로 증가하였고, 제4기 2차

|표 14| **포항종합제철 건설사업의 주요 내용(1970~1983년)**

구분		제1기	제2기	제3기	제4기	제4기 2차
생산능력 (누계)		103만 톤	157만 톤 (260만 톤)	290만 톤 (550만 톤)	300만 톤 (850만 톤)	60만 톤 (910만 톤)
총설비금액(억 원)		752	1,614	4,469	4,464	1,848
국산화 금액(억 원)		94	250	1,008	1,567	766
국산화 비율(%)		12.5	15.5	22.6	35.1	41.5
사업 기간	착공일	1970. 4. 1	1973. 12. 1	1976. 8. 2	1979. 2. 1	1981. 9. 1
	준공일	1973. 7. 3	1976. 5. 31	1978. 12. 8	1981. 2. 18	1983. 5. 25
주요 공장	제선	1고로 신설	2고로 신설	3고로 신설	4고로 신설 1고로 개수	2고로 개수
	제강	1제강 신설	1제강 확장	2제강 신설	2제강 확장	1제강 보완
	연주		1연주 신설		2연주 신설	
	분괴	1분괴 신설	1분괴 확장	2분괴 신설	2분괴 확장	
	선재			1선재 신설		2선재 신설
	열연	1열연 신설	1열연 확장	2열연 신설	2열연 확장	
	냉연		1냉연 신설		1냉연 확장	
	후판	1후판 신설	1후판 확장	2후판 신설		2후판 확장
	기타		주물선 신설	전기강판 신설		

자료: 송성수(2002: 100); 포스코(2018: 139).

때는 41.5%에 달하게 되었다.

지속적인 설비 확장에 힘입어 포항종합제철의 생산량도 급증하였다. 표 15에서와 같이 포항종합제철의 조강 생산량은 1974년 115만 톤에서, 1981년 약 820만 톤, 그리고 1987년 970만 톤으로 증가하였다. 또 포항종합제철은 조업개시 당시부터

|표 15| **포항종합제철의 출선량, 조강량, 판매품 생산, 판매량, 매출액 추이**

(단위: 1,000톤, 억 원, %)

연도	출선량	조강량	판매품 생산	판매량					매출액
				(내수)	(내수 비율)	(수출)	(수출 비율)	(합계)	
1972			56.0	9.4	71.2	3.8	28.8	13.2	9.8
1973	456	449	585	418	78.0	118	22.0	536	416
1974	1,024	1,153	1,022	646	66.4	327	33.6	973	1,043
1975	1,195	1,234	1,126	689	64.5	379	35.5	1,068	1,098
1976	2,011	2,038	1,724	1,210	74.6	413	25.4	1,623	1,799
1977	2,426	2,412	2,283	1,553	74.5	532	25.5	2,085	2,529
1978	2,749	2,807	2,690	2,102	80.0	525	20.0	2,627	3,598
1979	5,077	5,278	3,683	2,568	62.6	1,534	37.4	4,102	6,057
1980	5,582	5,903	5,056	2,680	54.0	2,283	46.0	4,963	9,584
1981	7,935	8,185	7,084	4,317	64.2	2,407	35.8	6,724	15,206
1982	8,442	8,781	7,596	4,543	59.1	3,139	40.9	7,682	17,420
1983	8,024	8,438	7,693	4,952	64.3	2,754	35.7	7,706	17,507
1984	8,764	9,195	8,231	5,541	68.7	2,527	31.3	8,068	19,627
1985	8,833	9,284	8,518	5,747	69.1	2,573	30.9	8,320	20,475
1986	9,007	9,530	9,058	6,354	72.1	2,463	27.9	8,817	22,416
1987	9,105	9,702	9,486	8,249	75.6	2,667	24.4	10,916	29,194
1988	8,303	8,914	9,220	9,206	71.8	3,608	28.2	12,814	37,011

자료: 포항종합제철주식회사(1989).

수출을 시작하였는데, 수출 비율은 1970년대 동안 22~37% 수준을 유지하였다.

또 포항종합제철은 조업 초기부터 순이익을 낳

|그림 3| **포항종합제철의 당기순이익 추이**

(단위: 억 원)

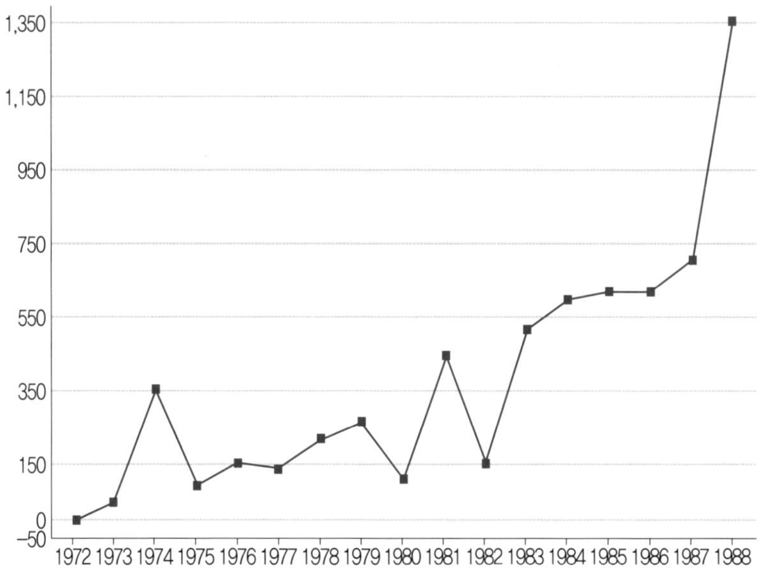

자료: 포항종합제철주식회사(1989).

으면서 건실한 운영을 하였다. 그림 3에서와 같이 1972년 6억 원의 적자가 발생하였지만, 제1기 사업이 완공된 1973년부터 46억 원의 당기순이익을 달성하였고, 그 이후 당기순이익은 증가하였다.

이러한 포항종합제철의 발전상에 대해 김광모는 다음과 같이 평가하고 있다.

철강산업이 중화학공업화정책 중 가장 많은 투자를 필

> 요로 하였으며 또한 가장 뚜렷한 효과를 거두었고 시간적으로도 계획대로 완성되었다. 1973년도에 연산 약 100만 톤 규모의 종합제철이 준공된 이래 몇 차례의 확장과 생산공정의 합리화를 거쳐 960만 톤 규모의 국제적 공장의 모습을 갖추게 되었다. 이렇게 하여 78년에는 철강재를 양적인 면에서 국산화율을 54%로 향상시켰고 생산 강종(鋼種)에 있어서도 72년의 59종에서 115종으로 늘려서 양적 증대와 질적 향상을 이룩하였다. 이로써 우리나라의 철강공업을 세계 철강 상위권으로 부상시켰으며 제2제철을 계획대로 진행시켜 10위권 내의 철강 생산 선진국 대열에 낄 수 있는 소지를 만들었다(김광모 1988: 242~243).

실제로 포항종합제철은 1998년을 계기로 생산 규모에서 세계 1위의 철강업체로 부상하였는데, 1998년 포항종합제철의 조강생산량은 2,557만 톤으로 2위인 신일본제철의 2,407만 톤을 능가하였던 것이다(송성수 1999: 20).

포항종합제철의 성공 요인

포항종합제철이 안정적 조업을 계속 이루면서 시설 확장을 하고, 이를 통해 경쟁력을 확보해 나갈 수 있었던 이유를 정부의 산업정책과 포항종합제철의 기술 노력이라는 2가지 측면에서 살펴보자.

우선 중화학공업화기 동안 당시 정부는 철강산업에 대한 장기적인 투자·생산 계획에 기반한 적극적인 육성정책을 수립하고 이를 집행하였다.

1973년 당시 정부는 철강산업의 현황으로 3가지를 지적하고 있었는데, 첫째는 '수요의 급증'이었다. 즉, 제2차 5개년계획 기간 중 조선, 기계, 전기, 건축 등 관련 산업의 발전에 따라 철강의 수요는 급증하였지만 공급이 이를 뒤따르지 못하여 1972년의 국내 공급능력은 수요의 28%에 불과하고 나머지 72%는 수입에 의존하였다는 것이었다. 둘째는 '시설 간의 불균형'이었다. 압연능력을 100으로 볼 때 제강 80, 제선 60의 시설능력이 적정 비율인데, 한국의 경우 1972년 현재 압연능력 대비 제강 및 제선의 시설능력 비율은 각각 31% 및 8%에 불과하여, 빌릿, 슬래브, 핫코일 등의 중간 소재와 고철, 선철 등의 수입량이 1억 3,200만 달러에 달하였다는 것이다. 셋째로 '포항종합제철 건설'이다. 정부가 1970년 4월 230만 평의 대지에 총 2억 8,700만 달러를 투입하여 조강 연산 103만 톤 규모의 포항종합제철을 착공하여, 1972년 7월과 10월에 각각 중후판

|표 16| **중화학공업추진위원회의 철강 수요 전망(1973년)**

(단위: 1,000톤)

구분		1972	1976	1981	연평균증가율
수요(A)		2,650	4,889	13,547	21.6%
공급 (B)	기존	755	1,492	3,000	
	포항		1,800	7,000	
	계	755	3,292	10,000	
부족(A-B)		1,895	1,597	3,547	

자료: 중화학공업추진위원회 기획단(1973: 25).

공장과 열연공장을 완공하였고, 1973년 6월 8일에 용광로의 화입식을 가진 바 있고, 1973년 7월부터는 제선-제강-압연의 일관 공정의 조업을 실현하게 되었다는 것이다. 이와 관련하여 포항제철의 1기 공사 완공으로 조강의 자급률은 크게 제고될 것으로 예상하였다(중화학공업추진위원회 기획단 1973: 25).

이러한 현황 파악에 입각하여 당시 정부는 철강에 대한 수요가 앞으로 계속 증대될 것으로 예측하였다. 이에 따라 현재의 포항제철을 단계적으로 확장한다고 하더라도, 표 16에서와 같이, 1981년에는 약 350만 톤의 부족이 예상되었다. 따라서 정부는 제2종합제철의 건설이 필요하다고 판단하고, 이에 대한 계획이 수립되어야 한다는 점을 인식하고 있었다.

기획단은 정책의 기본 방향으로 "철강공업의 생산능력을 확대시켜 철강재의 자급을 이룩하는 한편, 시설 간의 불균형을 시정하고 특수규격 및 강종의 다양화를 기하"는 것을 제시한 다음, 포항제철의 확장과 제2종합제철의 건설로 조강 생산능력을 1972년의 75.5만 톤에서 1976년에는 409.2만 톤, 1981년에는 1,470만 톤으로 확장할 것이라고 하였다.

포항종합제철을 1979년까지 700만 톤 규모로 확장시키는 데 필요한 자금은 10억 2,800만 달러이며, 제2종합제철은 제1단계 500만 톤 규모 건설공사를 1976년에 착공하여 1980년까지는 건설을 완료할 계획이고, 이에는 10억 9,400만 달러의 자금이 소요될 것으로 예상하였다.

특히 제2종합제철의 건설은 40~50%의 자기자금과 유리한 조건의 차관에 의하여 연산 500만 톤 규모로 추진할 것이며 후기 1,000만 톤 이상의 확장 등을 고려하여 국내 기업인들의 참여도 유도할 것이고, 반드시 필요한 경우에는 외국인 합작투자도 유도할 것이라고 명기하고 있다. 그리고 입지로는 아산만 또는 낙동강 하구 등을 후보지로 하고 있으며, 면적은 제철소 350만 평, 관련 공업단지 400만 평을 계획하고 있고, 항만, 용수, 철도, 도시토목 등 지원시설은 정부에서 건설할 것이라고 언급하고 있다(중화학공업추진위원회 기획단 1973).

그렇지만 포항종합제철이 조업 초기부터 순이익을 발생하면서 순조로이 성장할 수 있었던 것은, 철강공업육성법에 근거하여 막대한 규모의 정부 보조금이 지원되었기 때문이었다.

앞의 표 10에서 제시된 것과 같이 포항종합제철의 제1기부터 제4기 2차에 이르는 건설공사에는 정부 재정출자 2,246억 원, 국내 차입금 2,965억 원, 그리고 외국 차관 1조 1,241억 원이 소요되었고, 이 중 포항종합제철에 대한 국내 차입금은 국내에서 가장 낮은 이자율이 적용되었다.

또한 송성수(2002: 119)의 계산에 따르면, 포항제철이 설립 초기부터 1983년에 이르기까지 각종 세제 혜택 및 공공요금 할인 혜택으로 인해 지원받은 금액은 3,016억 원에 달하였다. 앞의 표 12에 제시된 바와 같이 법인세 등의 국세 감면액 883억 원과 지방세 감면액 346억 원을 합한 조세 감면액이 1,229억 원, 관세 감면액이 1,709억 원, 그리고 전기료, 용수료, 항만사용료, 철도료 등 공공요금 할인을 통해 지원받은 금액이 78억 원에 달하였다.

따라서 1983년까지 사회간접자본에 대한 정부 지원과 각종 세제 혜택 및 공공요금 할인 혜택을 통해 포항종합제철이 지원받은 금액은 4,200억 원을 초과하였고, 여기에 표 10에 제시된 공장 건설에서 정부재정 출자금액을 더하면 약 6,500억 원이 되어, 포항종합제철 건설 자금의 약 30%가 지원된 셈이었다.

포항종합제철에 대한 이러한 정부 지원이 갖는 의미는 바로 "국책사업의 부실화를 막기 위한 사전적 조치로써 직접 생산비 지원 방안이 채택"되었다는 것이다. 앞 절에서 살펴본 것처럼, 민간의 손에 맡겨 둔 서해안 종합제철소의 실패 경험은 포항종합제철에 대한 적극적인 정부의 지원이 강구되는 계기가 되었던 것이다.

반면 철강공업육성법으로 인해 포항제철의 경우 인사관리를 제외한 기업경영의 거의 모든 영역에 정부 개입이 제도화되었다는 점 역시 지적할 필요가 있다. 정부는 철강공업육성법에 근거하여, 생산, 판매, 품질관리, 원료의 구입 및 판매, 원가계산, 시설 개량, 공급가격 및 시설의 개보수 등을 조사하고 명령할 수 있었던 것이다.

다음으로 포항종합제철 설립 이후 5차례에 걸친 증설 과정에서 선진국으로부터 기술을 도입하고, 이를 흡수하고 발전시키기 위해 기울였던 기술 노력에 관해 살펴보자.

포항종합제철은 1968년 창설된 이후, 1970년 제1기 건설을 시작으로, 제4기 2차에 이르기까지 5차례의 시설 확장을 이룩하였다. 이 과정에서 일본, 오스트리아, 독일, 프랑스 등으로부터 공급된 기계가 결합되었다(박우희·배용호 1996: 163). 포항종합제철은 단일의 공장이 아닌 수십 개의 단위 공장과 크고 작은 독립 설비로 구성되며, 이들 공장과 설비는 상호 연관 아래 운전 가동되고 있다(백덕현 2007:

설비와 공장

설비가 모여서 하나의 공장 단위가 된다. 예를 들어, 제선공장은 원료 및 장입 계통, 고로 본체, 주상 및 출선 설비와 슬래그 처리 계통, 가스청정 계통, 송풍기, 열풍로, 냉각수 계통 및 배수처리 계통, 전원 및 전기 설비 일체, 계측제어 시스템, 기타 여러 개의 단위가 모두 설비이고, 이들 설비가 모여 제선공장이 된다. 포항종합제철에는 제선공장, 제강공장, 분괴공장, 열연공장 등 여러 공장들이 연관되어 가동된다.

자료: 백덕현(2007: 245).

|그림 4| **제1차 설비 확장이 완료된 당시 포항종합제철의 생산 흐름**

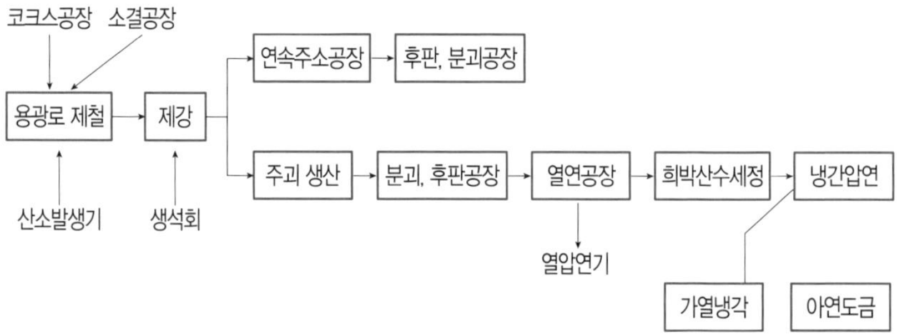

자료: 박우희·배용호(1996: 167).

338). 따라서 포항종합제철의 기술 도입 및 흡수 과정은 설비의 확장과 관련을 갖고 있다.

그림 4는 제1차 설비 확장(표 14의 제1기 및 제2기 건설사업)이 종료된 1976년 당시의 포항종합제철의 생산 흐름을 보여 준다. 당시 포항종합제철에서는 제선, 제강, 분괴, 열연, 후판 등 각종 공장과 이와 관련된 각종 설비들이 상호 결합되어 가동되고 있었다.

사실 제1기 건설사업 이전에 한국에는 종합제철소가 설립되어 있지 않았기 때문에, 대규모 강철제조 기술에 관한 지식이 거의 전무한 상태였다.

이하에서는, 우선 제1기 사업을 중심으로 하여,

포항종합제철의 기술 도입 및 흡수 과정을 살펴보자.

KISA를 통한 종합제철사업이 좌절된 이후, 대일 청구권 자금을 이용한 종합제철소 건설사업을 추진하는 과정에서, 해외로부터의 차관 도입 계약은 몇 가지 단계에 따라 조정되었다.

우선 정부는 경제기획원 내에 종합제철건설전담반을 설치하고, 기존 연산 60만 톤 규모의 KISA 안보다 확장된 100만 톤 규모의 '신사업계획'을 수립하였다. 곧이어 포항종합제철의 기술부서에서는 이러한 신사업계획을 뒷받침하는 540쪽 분량의 상세한 설비계획서를 작성하였다. 이후 일본조사단과 국제부흥개발은행(International Bank for Reconstruction and Development: IBRD)• 조사단의 검토를 거친 이후, 1969년 12월 3일에 비로소 103만 톤 규모의 포항종합제철 건설을 위한 한일 간 기본 협약이 체결될 수 있었다.

국제부흥개발은행: 1945년에 설립된 세계은행 그룹의 한 기구이다. 제2차 세계 대전으로 파괴된 나라의 경제 재건을 지원하기 위해 설립되었고, 이후 개발도상국의 경제 개발을 지원하고 있다. 우리나라는 1955년에 가입하였다.

이후 포항종합제철은 일본 철강 3사(후지제철, 야와타제철, 일본강관)로 구성된 JG(Japan Group)로부터의 기술지도를 받아가면서 공장 건설에 필요한 기술을 습득하게 된다. JG와 체결한 기술 도입 계약의 구체적 내용 중 첫 번째는 포항종합제철에 들어설 설비 내용에 대한 엔지니어링, 즉 예비기술계획서(Preliminary Engineering)의 작성과 1·2단계에 걸친 본기술용역계약(The Engineering Service Contract)이었다. 두 번째는 포항종합제철 기술요원들에 대해 일본 내 제철소에서 기술연수를 실시하는 것이었으며, 세 번째는 실제 건설 과정에서의 기술자문과 더불어 시운전 과정을 포함한 초기 조업을 지도해 주는 것이었다(백덕현 2007: 234).

백덕현은 기술요원에 대한 연수나 기술자문 등과 같은 직접적 기술 전수뿐만 아니라 설비 내용에 대한 엔지니어링 과정을 통해서도 포항종합제철의 기술능력이 축적될 수 있었다는 점을 지적하고 있다.

> 작성방법에 있어서도 KISA의 GEP(일반기술계획서)와는 달리 엔지니어링의 결과만을 내놓은 것이 아니라, 어떻게 해서 그러한 기술계획이 나오게 되었는지를 설명한 주요 사양을 결정해 가는 전제조건과 수순 방법 및 산출근거가 명시되어 있어 이후 포항제철의 설비 확장 과정에 있어서, 중요 설비의 사양을 계산하고 결정해 가는 데 필요한 자체 능력을 급속하게 축적해 나가는 데 있어서 크게 도움이 되었다. 말하자면 설비계획 엔지니어링의 수법에 대한 노하우가 상당 부분 포

|표 17| **포항종합제철 제1기 건설 기간 동안 연수인원**

(단위: 명)

구분	1968	1969	1970	1971	1972	1973
일본	20	25	82	167	271	43
오스트리아			2	30	33	

자료: 백덕현(2007: 278).

함된 계획서였다(백덕현 2007: 239).

포항종합제철의 기술요원들에 대해 일본 내 제철소에서 기술연수는 1968년 12월부터 이루어졌다. 우선 필수직에 대한 간부 8명의 연수가 1차로 이루어졌고, 1970년 가을에는 추가로 2명의 간부에 대한 2차 연수가 이루어졌다. 또 실제 공장 가동에 대비한 생산 조업연수는 1971~1972년에 걸쳐 분야별 대상자를 합하여 수백 명에 이르렀다. 그리고 1969~1970년에는 일본에서 가와사키제철소가 미즈시마에 대형 제철소를 신규 건설 중이었으므로, 가와사키제철소와 교섭하여 건설공사 담당 간부사원을 단기 파견하여 중장비의 활용과 공사관리 현장을 살펴볼 수 있도록 하였다(백덕현 2007: 277~278). 제1기 건설사업 기간 동안의 연도별 연수인원은 표 17과 같다.

|표 18| **포항제철 각 건설사업 단계별 용역계약의 범위 및 용역비**

	제1기	제2기	제3기	제4기
예비엔지니어링 계획	×	○	○	○
설비내역서 및 기기 구매	×	△	△	○
건설계획 및 진행	×	×	△	○
종합엔지니어링 계획	×	×	△	△
용역비(1,000달러)	6,200	5,880	1,770	380

주: ×=해외 용역, △=부분 용역, ○=자체 기술.
자료: 변형윤(1980); 박우희 · 배용호(1996).

포항종합제철의 제1기 건설사업에 필요한 기술협조 업무를 담당하였던 JG 요원의 연인원은 300~400명에 달하였다. 당시 최초로 파견단의 총괄조정을 맡았던 하쓰야 요오이치(初谷洋一)는 1970년 6월 포항 근무를 최초로 발령받았고, 파견단장을 맡았던 아리가 도시히코(有賀敏彦)는 이후 제1기 설비가 건설공사를 종합적으로 마무리하고 시운전을 거쳐 준공될 때까지 포항에 계속 체재하면서 기술협조를 하였다(백덕현 2007: 300).

포항종합제철은 JG 요원들에 대해 최소한 1 대 1 또는 그 이상의 포항종합제철 자체 요원을 카운터파트로 동반시킴으로써, 그들의 조언 내용을 정확히 파악하고 동료들에게 전파함으로써 기술을 소화

|그림 5| **포항제철의 용광로 점화 이후 6개월간 생산**

(단위: 출선비 = m^3 내용적당 일산 톤수)

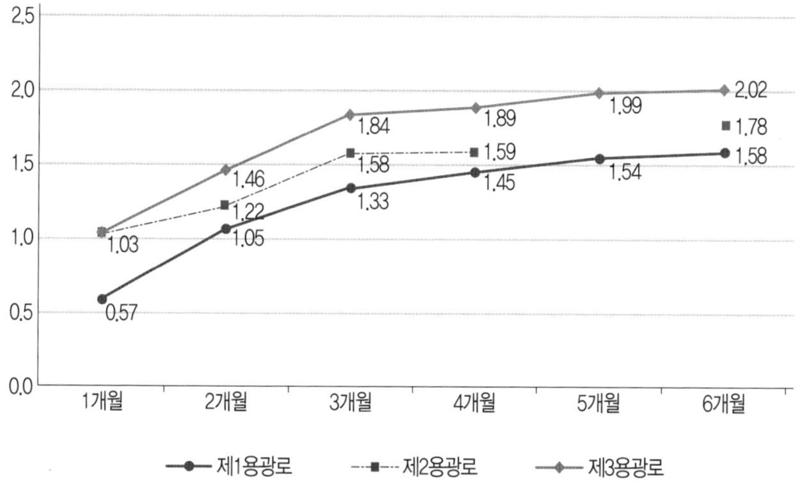

자료: Amsden(1989: 303)에서 작성.

하기 위해 노력하였다. 그 결과, 제2기 건설사업부터는 제1기에는 없던 새로운 종류의 설비에 대해서만 JG 요원의 포항 파견을 요청하는 것으로 충족될 수 있었고, 따라서 지원받는 총인력 수가 현격하게 감소되었다고 한다(백덕현 2007: 300).

포항종합제철은 이후 공장 건설 과정에서도 이러한 기획 및 건설에 관련된 기술의 흡수가 급속히 진행되었다. 그 결과 표 18에서와 같이 용역계약의 범위를 크게 줄여 용역비를 절감할 수 있게 되었다.

포항종합제철의 기술 흡수 성과는 제선 부문의 자료를 통해서도 확인할 수 있다. 그림 5는 제1·2·3기 건설사업에서의 용광로 점화 이후 6개월간의 출선비 추이를 보여 주고 있는데, 이를 통해 제선 시설 설치 이후 생산효율의 향상 과정을 확인할 수 있다.

또 공기를 단축시킴으로써 공사비용을 절감시킬 수 있었다. 제1기 공사의 경우 건설공기를 1개월 단축시켰으며, 제2기, 제3기, 그리고 제4기 1차에는 각각 1개월, 5개월, 4개월의 공기 단축을 기록하였다. 건설 관련 기술능력도 급속히 축적할 수 있었다. 공장 건설 이후에는 조업 기술을 적극적으로 학습함으로써 정상조업도를 조기에 달성하였다. 정상조업도 달성 기간은 제1기, 제2기, 제3기, 그리고 제4기 1차의 경우 각각 107일, 80일, 70일, 29일이었다. 이는 설비의 설치와 테스트를 동시에 진행시키고, 조업 요원을 효과적으로 교육·훈련시킴으로써 가능하였다. 이를 통해 공장가동률을 100% 이상으로 유지할 수 있었다. 포항종합제철의 기술 흡수에 따른 생산효율 달성에 대해서는 김광모는 다음과 같이 평가하고 있다.

포항종합제철은 최신 기술과 시설을 도입하여 대단위 일관생산 체제를 갖춤으로써 세계에서 가장 저렴한 철강재를 생산 공급 … 세계철강사에서 가장 단기간에 공장을 건설하였으며 투자비에 있어서도 철강 톤당 단위건설비가 세계 최저였으며 계속적 기술혁신으로 철강생산단가를 결정하는 요소인 전로화 비율, 연주 비율, 고로코크스 비, 철강재 생산 실수율이 세계 일류 수준에 도달하였기 때문(김광모 1988: 243).

포항종합제철은 제1기로부터 제4기 2차에 이르는 건설사업 과정에서 이루어진 기술학습에 기반하여, 기술기획에 관한 지식과 경험을 축적하였다. 그뿐만 아니라, 해외 최신 설비에 대한 연구도 이루어졌다. 이 과정에서 포항종합제철은 다양한 설비와

|표 19| **포항종합제철의 주요 생산성 지표**

	한국			일본 (1977)	미국 (1977)
	1977	1979	1982		
전로화(轉爐化) 비율	58	70	71	81	62
연주(連鑄) 비율	33	33	43	41	12
고로(高爐)코크스 비	102	101	100	200	138
철강재 생산 실수율(實收率)	83	84	85	85*	71*

주: 1) 전로화 비율은 조강 생산량에 점하는 전로강의 생산 비율(%)을 의미.
2) 연주 비율은 조강 생산량에 점하는 연주강의 비율(%)을 의미.
3) 고로코크스 비는 고로에서 선철 톤당 코크스 소비량(%)을 의미.
4) 철강재 생산 실수율은 조강 생산량에 대한 강재생산량의 비율(%)을 의미.
5) * 1976년 기준임.
자료: 김광모(1988: 244~245).

기술을 선택적으로 도입하여 이를 하나의 제철소에 통합할 수 있는 능력을 확보할 수 있었다. 이러한 능력은 1985년부터 1992년까지 총 4차에 걸쳐 이루어졌던 광양제철소 건설사업에서 활용되었다. 또 광양제철소의 설비 도입을 경쟁입찰 방식으로 진행하였으며, 설비 공급을 맡은 외국 업체로 하여금 국내 업체와 컨소시엄을 구성하도록 함으로써, 설비 국산화율을 제고하도록 하였던 것이다(송성수 2004: 90~95; 포스코 2018: 205~222).

4

1970년대 철강 기업 간 경쟁과 설비 확충

철강공업육성법 이후의 설비 확충

'철강공업육성법'의 가장 큰 특징 중의 하나는 시설 기준을 정한 다음, 이 기준에 해당하는 업자의 신청을 받아 정부가 철강공업자 지정을 하는 것이었다. 따라서 시설 기준이 중요하였는데, 이 법에서는 다음과 같은 6가지 범주의 시설 기준을 제시하고 있었다.

① 연 10만 톤 이상 생산할 수 있는 제선제강압연의 일관 공정
② 연 3만 톤 이상의 주물용 선철을 생산할 수 있는 시설 또는 합금철 생산을 위한 5,000KVA 이상의 전기로 시설
③ 연 1만 톤 이상의 강괴 및 압연재를 생산할 수 있는 제강 및 압연 시설
④ 연 1만 톤 이상의 압연재를 생산할 수 있는 압연 시설
⑤ 연 1천 톤 이상의 주물 또는 주단강품을 생산할 수 있는 시설
⑥ 연 2천 톤 이상의 스테인리스 강판 및 봉강,

고탄소강, 합금강 등을 생산할 수 있는 시설

업체가 상공부에 철강공업자 지정 신청서를 제출하면, 상공부는 이를 심사한 다음, 관보에 철강공업자 지정 내역을 공고하였다. 1970년 10월 철강공업육성법 시행령 공포 이후 1979년까지 관보와 상공부기초공업국제철과(1971)를 함께 조사한 결과 철강공업자로 지정된 것으로 확인된 업체는 포항종합제철(주)을 포함하여 총 13개사이다. 포항종합제철(주)을 제외하면, 합금철 3개사, 제강 및 압연 2개사, 압연 4개사, 주물 또는 주단강 3개사, 합금강 1개사이다. 업종별로 고루 분포한 셈이지만, 이들 업체의 시설 규모는 '철강공업육성법'에서 제시하고 있는 시설 기준을 크게 초과하고 있었다.

예를 들어, 연합철강의 경우 1967년에 도입한 최초의 냉간압연 설비(#1RM)의 연 생산능력이 17만 톤에 달하였고, 1971년 9월에는 최초 설비 생산능력의 2배에 달하는 추가 설비(#2RM)를 설치 완료한 상태였다. 강원산업도 신청 당시 이미 제강 설비의 생산능력이 연 36만 9,000톤에 달하였고, 주물 설비의 생산능력 역시 연 3만 톤을 훨씬 초과한 상태였다. 이들 기업이 보유한 설비는 '철강공업육성법'에서 제시하고 있는 시설 기준의 30배에 달하는 규모였던 것이다.

한국철강협회에서 발표한 설비능력 조사 결과에 따르면, 1976년 6월 30일 현재 포항종합제철(주)을 제외한 제강업체 14개 중에서 생산능력이 연 1만 톤에 미달하는 업체는 하나도 없었다. 또 압연업체 19개 중에서 생산능력이 연 1만 톤에 미달하는 업체는 2개뿐이었다. 단조업의 경우에도 총 12개 업체 중에서 생산능력이 연 1천 톤에 미달하는 업체는 3개뿐이었다(한국철강협회 1976).

그리고 철강공업자 지정을 통해 제공해 주는 혜택도 뚜렷하지 않았다. 법률상에서는 포항종합제철(주)을 제외한 나머지 업체들에게는 조세 감면, 자금 조성, 공공요금 할인 혜택을 줄 수 있는 근거를 마련해 두었지만, 한국철강협회로부터 "실제에 있어서 거의 이행되지 않고 있음으로써 동법은 사실상 사문화되고 있다"는 비판을 받기도 하였다(한국철강협회 1977a: 25).

'철강공업육성법'의 이러한 특징은 1967년부터 1971년 사이 공포되었던 여타 개별공업육성법•과

개별공업육성법: 정부가 1960년대 말부터 1970년대 초 사이 특정 산업을 육성하기 위해 제정한 법으로 섬유공업시설에 관한 임시조치법(1967), 기계공업진흥법(1967), 조선공업진흥법(1967), 전자공업진흥법(1969), 석유화학공업육성법(1970), 그리고 비철금속제련사업법(1971)의 6개 법이 제정되었다(괄호 안은 법이 공포된 연도).

비교하면 더욱 더 뚜렷하다. 이를 위해 섬유공업시설에 관한 임시조치법이 적용되었던 화학섬유공업의 사례를 살펴보자.

섬유공업시설에 관한 임시조치법에 따르면 섬유 제조 설비를 보유한 모든 기업은 자신의 설비를 상공부에 등록해야 하였고, 설비를 도입하려면 우선 상공부로부터 설치허가를 받아야 하였다. 따라서 차관 등을 활용하여 섬유제조 설비를 도입하기 위해서는 경제기획원에 차관 도입 신청을 하기 이전에 상공부로부터 설치허가를 먼저 받아야만 하였다. 한편, 당시 상공부는 규모의 경제를 달성할 수 있는 화학섬유공업의 최소 효율 규모를 일산 30톤으로 파악하고 있었다. 그렇지만 법 제정 당시 이 기준을 초과하는 규모를 확보한 업체는 한일합섬(주)뿐이었다. 이에 상공부는 법 11조 규정에 따라 섬유공업심위회를 개최하여 '증설은 신설에 우선한다'는 허가의 우선순위를 정하게 된다. 즉, 기존 공장은 적정 규모에 도달할 때까지 육성하고, 이에 미달하는 신규 기업의 진입은 억제하겠다는 것이었다. 이에 따라 기존 업체들이 적정 규모에 도달하도록 증설이 권장되었고, 이 과정에서 신규 진입은 불허되었던 것이다(이상철 1997: 104~119).

이에 비해 철강공업육성법 운용 과정에서 정부가 일관 종합제철소를 제외한 나머지 부문의 적정 규모에 대한 명확한 기준을 가지고 있었다고 볼 근거는 찾을 수가 없다. 또 업체들이 규모의 경제를 달성하도록 유도할 수 있는 정책적 수단도 갖추지 못하고 있었다. 나아가 각 업종별 수요를 예측하고 신증설을 조정하는 등의 정책적 노력도 찾아보기 어려웠다. 결국 철강공업육성법은 제정되었지만, 각 분야에서 신증설 과정은 정부의 산업정책적 조정이 없는 상태에서 개별 기업들의 각개 약진을 통해서 이루어질 수밖에 없었던 것이다.

1973년 7월의 포항종합제철(주) 제1기 설비 완공 이후의 계속된 설비 확장과 여타 기업들의 신증설 경쟁으로 인해, 1970년대 철강 부문의 생산능력은 급속히 확장되었다. 표 20에 나타난 것처럼, 제선 분야에서의 생산능력 확장은 포항종합제철(주)의 증설에 기인한 바 컸다. 1962년 48톤 수준에 불과했던 국내 제선 설비는 1978년이 되면 5,354톤에 달하게 되고, 설비 증가의 대부분이 포항종합제철(주)에서 기인한 것이다. 그렇지만 제강 분야의 생산

|표 20| 철강 부문별 생산능력의 확장(1962~1978년)

(단위: 개, 1,000톤, 괄호 안은 주요 철강업체의 생산능력)

		1962		1970		1978		
		공장 수	생산능력	공장 수	생산능력	공장 수	생산능력	주요 업체
제선	제선	1	48	3	203	1	5,267	포항제철(5,267)
	합금철			3	19.9	4	87	삼척산업(35.8), 한국합금철(17.9), 인천합금철(15.5)
	소계	1	48	6	222.9	5	5,354	
제강	평로	3	68	3	163	1	120	인천제철(120)
	전로	4	80	9	280	2	5,535	포항제철(5,500), 삼성제강(35)
	전기로			5	410	15	2,135	동국제강(602), 강원산업(304), 인천제철(395), 금호산업(161), 한국철강(128)
	소계	7	148	17	853	18	7,790	
연속주조						5	2,140	포항제철(670), 동국제강(570), 강원산업(300), 인천제철(300), 금호산업(300)
분괴압연						1	4,850	포항제철(4,850)
압연	중형	2	110	3	174	66	2,374	동국제강(526.6), 인천제철(515.7), 강원산업(299.7)
	소형	27	310	45	872			
	열연박판	2	56	2	56	2	210	포항제철(200), 인천제철(10)
	냉연박판			2	210	3	1,545	연합철강(720), 일신제강(420), 포항제철(405)
	중후판			1	100	3	1,662	포항제철(1,512), 동국제강(100), 한국철강(50)
	특수강판	1	6	1	6	6	105	한국종특(75), 동양물산(10), 부산제철(16.8)
	강관	5	89	7	212	18	1,220	2차 가공업체 (부산파이프, 일신제강, 한국강관 등)
	소계	37	571	61	1,630	98	7,116	
주물	주철관	2	26	6	60.8			
	주물	6	13	10	88	367	891	경기지구(235.4), 부산지구(223.7)
	주강	230	130	252	200			
	소계	238	169	268	348.8	367	891	

자료: 1962년 및 1970년은 이상철(2007), 1978년은 한국산업은행조사부(1979).

능력 확장은 포항종합제철(주)뿐만 아니라 민간 전기로 제강업체의 시설 확장에서도 기인한 바가 컸다. 1978년 전체 제강 설비 7,790톤의 약 30%를 전기로 제강업체의 설비가 차지하고 있었던 것이다. 특히 압연 분야에서 민간 기업의 역할은 두드러졌다. 1960년대 중반 이후 중소형 압연과 중후판 분야의 동국제강, 냉연박판 분야의 연합철강 및 일신제강, 그리고 강관 부문의 여러 민간 업체들의 지속적인 설비투자가 전체 압연 부문의 생산능력 확충에 기여하였던 것이다.

압연 부문 생산능력 확충 과정은 동시에 압연 부문 생산 품종이 다양화되는 과정이기도 하였다. 표 21에서 알 수 있는 것처럼, 압연제품을 조강과 판재로 대별하였을 때, 압연 및 주물 제품 전체에서 각각이 차지하는 비중은 1962년에 각각 56% 및 23%였지만, 1980년이 되면 39%와 54%로 바뀌게 된다. 압연제품에서 철근이 차지하던 비중이 감소하였고, 중후판, 냉간박판, 냉간코일, 강관 등 다양한 판재 생산이 늘어났기 때문이었다.

이는 기업 간 신증설 경쟁의 산물이었지만, 이 과정에서 민간 철강업체 전체의 투자 방향을 제시

|표 21| **압연 및 주물 부문 품종별 생산 구성 추이**

(단위: %)

구분				1962	1971	1980
압연	조강	형강		6	4	4
		봉강		4	7	4
		철근		40	36	24
		선재·궤조		6	4	7
		소계		56	51	39
	판재	중후판			5	18
		박판	열간			3
			냉간			5
			기타			5
			소계	16	25	13
		코일	열연		3	4
			냉연			6
			소계	0	3	10
		강관		7	8	13
		소계		23	41	54
주물				22	8	8

주: 1962년 1971년은 박판의 세부 내역이 제시되지 않음.
자료: 吹田尙一·松井幹雄(1981: 16).

하고 이를 유도하는 산업정책이 적극적 역할을 수행하였다고 보기는 어려웠다.

압연 설비 확충 경쟁과 포항종합제철(주)의 냉간압연 진출

1974년 5월 25일 연합철강과 일신산업은 함께 포항종합제철(주)이 계획하고 있는 냉간압연시설 설치를 연기하거나 중단해 줄 것을 관계당국에 요청한다. 포항종합제철(주)은 7월 1일부터 시작하는 제2기 설비 확장 공사의 일환으로 연산 약 80만 톤 규모의 냉간압연 설비 도입을 추진하고 있었다. 냉간압연의 주원료인 핫코일을 자체 생산할 수 없었던 연합철강과 일신산업은 해외로부터 수입한 핫코일과 포항종합제철(주)로부터 구매한 핫코일을 함께 사용해 왔다. 그렇지만 이들 두 기업이 매년 확보한 핫코일 물량은 자신들의 설비능력에 미치지 못하는 경우가 많았다. 당시 정부의 외환 규제로 인해 핫코일을 원하는 만큼 충분히 수입할 수 없었기 때문이었다. 이런 상황에서 포항종합제철(주)이 냉간압연시설을 설치하게 되면 자체 생산한 핫코일을 자사의 원료로 전부 다 사용하게 될 것이고, 시장으로 출하되는 물량이 사라져 이들 두 업체가 원자재 구득에 어려움을 겪게 될 것이라는 주장이었다. 또 포항종합제철(주)이 도입하려는 설비는 이들 두 업체의 설비보다 신식인데다가 일관 공정의 이점까지 더해져, 포항종합제철(주)은 더 유리한 위치를 차지하게 될 것이라는 우려도 제기되었다.

그렇지만 1974년 10월 30일 개최된 외자도입심의위원회에서는 9,631만 8,000달러에 달하는 포항종합제철(주)의 냉간압연공장 건설용 차관 도입 신청을 승인하였다. 포항종합제철(주)의 냉간압연공장 건설에는 최종적으로 내자 146억 원과 외자 1억 34만 달러, 합계 696억 원이 소요되었고, 1977년 2월 28일 준공식이 거행되었다. 이 문제와 관련하여 연합철강은 사사에서 "주장은 제대로 받아들여지지

|표 22| **업체별 냉간압연 주설비 내역(1960~1970년대)**

구분 \ 업체		연합철강			일신제강		포항제철
설비	구분	제1압연	제2압연	제3압연	제1압연	제2압연	제1압연
	가동	1967. 7	1971. 9	1974. 2	1967. 10	1972. 7	1977. 2
	타입	4단가역식			4단가역식		4단가역식 6기
생산능력(톤/연간)		720,000			420,000		686,000
완성품	폭	500~1,250mm			600~1,524mm		500~1,260mm
	두께	0.15~3.6mm			0.2~3.2mm		0.2~1.6mm

주: 업체별 생산능력 및 완성품 규격은 1981년 12월 말 기준.
자료: 한국철강협회(1976; 1981).

않았다. 포항종합제철의 사세가 워낙 큰 데다 박태준 사장이 가진 정치·경제적 배경이 만만치 않아 유야무야로 넘어가고 말았다"고 기록하고 있다(유니온스틸주식회사 2012: 140).

냉간압연 분야로 포항종합제철(주)이 진입함에 따라 기존에 연합과 일신 2사가 지배하던 시장은 3사의 과점 체제로 변화되었고, 표 22에서와 같이 냉간압연의 생산능력은 1970년대 중반 114만 톤에서 1981년 182만 6,000톤으로 확대되었다.

강관 설비 증설 경쟁

1974년 8월 10일 연합철강이 대규모 강관공장을 건설하겠다고 밝히자, 강관업계의 기존 업체들은 이에 반발하면서 적극적 반대투쟁을 벌이게 된다. 연합철강의 강관공장은 연산 15만 톤 규모로 이에 소요되는 자금은 내외자 합계 약 14억 원이었고, 이 중에서 외자 약 8억 원(198만 8,700달러)은 아시아개발은행으로부터 차관을 도입할 계획이었다. 연합철강은 포항종합제철(주)의 냉간압연 설비 도입에는 반대하였지만, 강관사업의 높은 수익성을 따라

이 분야로 신규 진출하였던 것이다. 부산철관, 한국철강, 일신산업 등 기존 강관업계는 당국에 연합철강의 차관 도입을 저지해 줄 것을 요청하고 나섰다. 현재 생산시설이 과잉 상태이므로 신규 업체가 진출할 경우 공동도산이 우려되고, 국산 가능한 시설재를 외국에서 도입하는 것은 부당하다는 주장이었다. 이들은 또 지금까지는 수출이 호조이나 앞으로의 전망은 모호하고, 원자재 구득난도 가중될 것이라는 주장도 펼쳤다. 기존 강관업계의 반대로 인해 연합철강의 강관공장 준공은 1978년까지 미루어졌다(유니온스틸주식회사 2012: 145~146). 연합철강은 1978년 5월 1일 내외자 100억 원을 투입한 연산 30만 톤 규모의 강관공장 준공식을 갖고 본격적인 가동에 들어갔다. 그렇지만 1970년대 후반부터 본격화된 강관 분야의 신증설 경쟁에 대한 우려도 있었다.

한국철강협회에 따르면, 1978년 강관업체의 가동률은 44.25%로 하락할 것으로 예상되었다. 표 23에서와 같이, 강관업계의 연 생산능력은 1976년 64만 2,000톤에 불과하였지만, 1977년에 85만 톤으로 늘었다가, 1978년이 되면 160만 톤으로 급증할 것

|표 23| **강관 설비능력 및 수요량**

(단위: 톤, %)

1976			1977			1978(예상)		
설비능력	수요량	가동률	설비능력	수요량	가동률	설비능력	수요량	가동률
642,000	541,578	72.98	850,000	672,000	67.17	1,600,000	752,000	44.25

자료: 한국철강협회(1977b: 11).

으로 예상되었기 때문이다.

1978년 상반기 연합철강만이 강관 설비에 뛰어든 것은 아니었다. 실제로 1978년 상반기 동안 추가된 강관 제조 시설은 일신제강 22만 4,000톤, 부산파이프 24만 톤, 연합철강 25만 6,800톤, 한국강관 17만 7,000톤, 부산제철소 1만 5,000톤으로 총 91만 2,800톤 규모에 달하였다. 이로써 국내 조관기는 1977년 말 39대에서 1978년 52대로 13대가 증가하였다. 1978년 상반기의 업체별 설비능력은 일신제강 60만 톤, 연합철강 25만 톤, 부산파이프 42만 톤, 한국강관 37만 톤, 동양철관 10만 톤, 부산제철소 3만 5,000톤, 마산강관 3만 6,000톤, 한국후지(韓國富士) 3만 2,000톤, 그리고 그 외 군소업체 3만 2,500톤으로 합계 187만 5,500톤에 달하였다.

나가며

휴전 이후 복구 과정에서 철강산업의 육성은 중요한 과제 중의 하나였다. 일제 강점기 남한 지역에는 제한된 일부 설비만이 있었고 그나마도 전쟁을 겪으면서 파괴되었지만, 정부의 적극적인 지원 아래 이들 설비를 기반으로 복구가 진행되었다.

1950년대 후반부터는 정부와 학계 그리고 철강업계 종사자들의 노력을 통해 종합제철공장 건설계획이 수립되기 시작하였다. 종합제철공장 건설계획은 제1차 경제개발5개년계획을 거치면서 보다 구체화되었지만, 자금 조달 문제로 어려움을 겪게 된다.

1964년 12월 확정된 철강공업육성종합계획은 그동안의 시행착오를 토대로 차관 및 외국 기술 도입을 통한 일관제철소 건설에서 고려해야 할 많은 조건들을 나름대로 검토하는 과정에서 도출되었다. 철강공업육성종합계획의 결론은 서해안과 동해안에 2개의 종합제철소를 건설함으로써 국내의 철강 수요를 충족하고 복수기업 사이의 경쟁을 통한 경제적 효율을 이끌어 낸다는 것이었다. 그렇지만 계획은 철강 수요와 도입 설비가 갖는 규모의 경제 특성에 대한 검토의 미비, 최적공정에 대한 충분한 기술적 이해의 부족, 그리고 도입될 자금의 효과적 사용을 유도할 수 있는 적절한 감독 시스템의 불비라는 측면에서 많은 한계를 내포하고 있었다.

인천제철의 성립과 부실화에 이르는 일련의 과정은 1960년대 철강공업육성정책 수립과 관련하여 정부의 미숙한 대응을 보여 주는 사례라고 할 수 있다.

1960년대 초반까지는 종합제철공장 이외 다운스트림 분야의 발전을 지원할 수 있는 정책이 구체화되지 않고 있었다.

당초 계획되었던 일관제철소 건설이 제1차 경제개발5개년계획의 수정 과정에서 취소되었으므로, 철강업체들이 필요로 하는 선철을 국내에서 충분히 공급받을 수 있을지 여부가 불투명하게 되었다. 경제성장과 더불어 건설 및 산업 부문에서 철근 및 판재 수요가 점증하자, 중소제조업체들은 국산 부품과 고철 등을 활용하여 저품위의 철강제품을 제조하는 것으로 대응하였다. 극단적으로는 기술 정체라고까지 평가할 수 있는 이러한 현상은 당시 정부가 관여할 수 있는 영역 밖에서 진행되었지만, 국내에서 해당 제품의 수입대체를 진전시켰다는 긍정적 의미도 있었다.

상대적으로 규모가 컸던 기업들은 상업차관으로 선진국으로부터 최신 설비를 도입하였다. 정부는 상업차관의 도입 과정에서 기업에 대한 통제수단을 갖고 있었지만, 1960년대 동안 철강공업 발전에 대한 구체적 비전과 목표를 수립하지 않은 상태에서, 효과적 기획 및 조정 기능을 수행하지 못하고 있었다. 오히려 정부는 설비의 도입이 곧바로 국내 시장에서의 독과점적 지위를 공고히 해줄 것으로 기대하였던, 그리하여 설비 도입에 강력한 이해를 갖는 몇몇 기업의 요구에 직면하기도 하였다.

반면 포항종합제철의 사례는 현대적 일관 종합제철소의 기술적 특성에 대한 정책당국의 이해에 기반하여 적극적 산업육성정책이 전개되었던 사례였다. 정부의 적극적 지원정책에 더하여, 도입 기술을 흡수하기 위한 포항종합제철 스스로의 적극적 노력이 기울여짐으로써, 포항종합제철은 조업 초기부터 정상적 운영을 하고 이후 지속적 설비 확장을 이루어낼 수 있었다.

그렇지만 포항종합제철이 조업 초기부터 순이익을 발생하면서 순조로이 성장할 수 있었던 배경에는, 철강공업육성법 등에 근거하여 지급받은 막대한 규모의 정부 보조금이 있었다. 국책사업의 부실화를 막기 위한 사전적 조치로서 직접 생산비 지원 방안이 채택되었던 것이다. 민간의 손에 맡겨 둔 서해안 종합제철소의 실패 경험은 포항종합제철에 대한 보다 효과적이고 적극적인 정부의 지원이 마련되는 계기가 되었다.

서해안 종합제철소 건설이 실패로 끝나고, 동해안 종합제철소가 포항종합제철(주)로 현실화됨에 따라 비로소 '철강공업육성법'이 마련되었다. 그렇지만 이 법은 철강산업 중 극히 소수의 업체만 대상으로 하고, 그중에서도 포항종합제철을 기타 업체와 구분하여 집중 지원하는 것을 주된 내용으로 하고 있었다. 또 규모의 경제가 현저한 산업기술적 특성을 고려하여 이를 달성할 수 있도록 유도한다거나, 수요를 예측하고 신증설을 조정하는 등의 정책수단도 갖추지 못하고 있었다. '철강공업육성법'은 제정되었지만, 정부의 산업정책적 조정이 없는 상태에서 개별 민간 기업들은 각개 약진을 하였고, 이 과정에서 각 분야의 신증설이 이루어졌다.

철강산업의 사례를 통해, 우리는 이 시기 정부가 처음부터 완성품으로서의 다양한 정책수단을 구비한 상태에서 체계적인 산업육성정책을 실시하였다기보다는, 대내외적 상황 변화에 따라 시행착오를 겪으면서 정책수단이 정비되고 구체화하였던 것으로 볼 수 있을 것이다. 오히려 현실의 공업화는 이러한 정책적 불비에도 불구하고 기업 간 경쟁이라는 동태적 과정 속에서 진행되었던 것이다.

참고문헌

강만길(1994), 『고쳐 쓴 한국 현대사』, 창작과 비평사.

경제기획원(1962), 「미국실업인단과의 사업교섭종합보고(구두)」, 『제12차 외자도입 촉진위원회 회의록』, 국가기록원, 문서번호 172, 1962. 5. 31.

______(1964), 「철강공업육성종합계획」, 『경제장관회의안건(1964년 제102차)』, 국가기록원, 문서번호 131, 1964. 12.

공보처 홍보국(1976), 「포항제철공단전경2」, 관리번호 CET0030630, 국가기록원.

과학기술처(1968), 『과학기술연감』.

______(1972), 『과학기술연감』.

______(1973), 『과학기술연감』.

국가재건최고회의종합경제재건기획위원회(1961), 『종합경제재건계획(안)해설』.

기획조정실(1967), 『제1차경제개발5개년계획 1962-1966 평가보고서(평가교수단)』.

김 견(1988), 「한국의 중화학공업화 과정에서의 국가개입의 양상 및 귀결」, 한국산업사회연구회 편, 『오늘의 한국자본주의와 국가』, 한길사.

김광모(1988), 『한국의 산업발전과 중화학공업화정책』, 지구문화사.

김대환(1987), 「국제경제환경의 변화와 중화학공업의 전개」, 박현채 외, 『한국경제론』, 까치.

김윤형(1976), 『한국철강공업의 성장』, 한국개발연구원.

김윤형·김광석(2005), 「동태적 산업정책: 중화학공업 발전의 6가지 에피소드」, 조리제·카터 에커트 편저, 『한국의 근대화, 기적의 과정』, 월간조선사.

김형아(2005), 『유신과 중화학공업: 박정희의 양날의 선택』, 일조각.

남종현(1979), 『철강공업의 특성과 수급구조』, 한국개발연구원.

대한금속학회(1965), 『철강공업계열화육성방안』, 1965. 12.

대한민국국회사무처(1969), 「제72회 국회 상공위원회회의록」 제9호, 1969. 12. 17.
류상영(1995), 「한국산업화에서의 국가와 기업의 관계: 포항제철과 국가자본주의」, 연세대학교 박사학위논문.
박우희·배용호(1996), 『한국의 기술발전』, 경문사.
백덕현(2007), 『근대 한국 철강산업 성장사』, 한국철강신문.
변형윤(1980), 「한국철강공업의 기술축적 – 포항제철을 중심으로 –」, 『경제논집』 제19권 제2호, 서울대학교 경제연구소.
상공부 기초공업국 제철과(1971), 「철강공업자지정(포철) 1971-1971」, 관리번호 BA0587829, 국가기록원.
상공부·한국생산성본부(1969), 『한국의 공업』.
송성수(2002), 「한국철강산업의 기술능력 발전과정 – 1960-1990년대의 포항제철 –」, 서울대학교 박사학위논문.
______(2004), 『소리 없이 세상을 움직인다: 철강』, 지성사.
______(2021), 『한국의 산업화와 기술발전』, 들녘.
유니온스틸주식회사(2012), 『유니온스틸 50년사』.
이상철(1997), 「한국화학섬유산업의 전개과정(1961-1979)」, 서울대학교 박사학위논문.
______(2004), 「한국 산업정책의 형성 – 1960년대 철강산업의 사례 –」, 『경제발전연구』 제10권 제1호, 한국경제발전학회.
______(2007), 「1960년대 한국 철강공업의 성장과 육성정책: 압연부문을 중심으로」, 『경제사학』 제43호, 경제사학회.
______(2014), 「철강 산업 육성 정책과 포항종합제철」, 『한국 중화학공업화와 사회의 변화』, 대한민국역사박물관.
______(2018), 「철강공업의 설비경쟁과 산업육성 정책」, 『역사비평』 제122호, 역사비평사.
이차산업부문반(1962), 『제1차경제개발5개년계획보완작업2차산업부문보고서』.
인천제철주식회사(1990), 『인천제철 – 그 성장 35년과 기업문화 –』.
중화학공업추진위원회 기획단(1973), 『중화학공업육성계획』, 1973. 6.
포스코(2018), 『포스코 50년사 1968-2018 통사』.

포스코 역사박물관(2010), 『포스코 역사박물관 도록』.
포항종합제철주식회사(1989), 『포항제철20년사』.
한국산업은행조사부(1971), 『한국의 산업』.
______(1976), 『한국의 산업』.
______(1984), 『한국의 산업』.
한국철강신문(1997), 『기초철강지식』(최신개정판).
한국철강협회(1976), 『철강설비능력』.
______(1977), 『철강교실』.
______(1977a), 「우리의 주장: 철강업계의 현안문제와 대책 소고」, 『철강보』, 1977. 1.
______(1977b), 「철강설비증설의 계획적 조정: 과잉설비투자의 억제」, 『철강보』, 1977. 7.
______(1981), 『철강설비능력』.
______(2005), 『한국 철강산업 발전사』.
吹田尙一·松井幹雄(1981), 「1980年代における日韓國際分業の動向に關するケース·スタヂィ」, NRF-79-3 總合研究開發機構助成研究, 三菱總合研究所.
Amsden, Alice H.(1989), *Asia's Next Giant: South Korea and Late Industrialization*, Oxford University Press.
Stern, Joseph J. et al.(1995), *Industrialization and the State: The Korean Heavy and Chemical Industry Drive*, Harvard Institute for International Development.

『경향신문』.
『동아일보』.
『매일경제신문』.
『산업경제신문』.
『서울경제신문』.

찾아보기

[ㅌ]

[ㅍ]

[ㅎ]